これ1冊でわかる！

相手が納得する！

中小企業の「値上げ」入門

株式会社
新経営サービス
北島大輔

あさ出版

はじめに

「企業努力」という言葉があります。

　私たちは長らく、この企業努力というビジネス用語を価格の抑制やコストダウン、値下げと同義に扱ってきました。

　その「企業努力」は、長く続くデフレに対応するためのものでしたが、いま私たちに求められているのは、**「インフレに対応する企業努力」**に変わりつつあります。

　資源価格が高騰し、社会的にも賃上げ圧力があり、また下請法が施行された今日にあっても、多くの中小製造業は得意先との価格交渉で相変わらず不利な立場にあります。

　そのため中小製造業は利益確保のため、設備の入れ替えや作業工程の見直しによる生産性アップなど、時代に逆行するように、製造原価の引き下げを余儀なくされています。

　これらは競争社会で生き残るために、今後も必要なことではありますが、物価高騰が続く中で限界を感じている、中小企業経営者は多いのではないでしょうか。

　政府主導の賃上げムードに対応しようにも、その原資の確保ができない状況もまた続いています。

　そこで必要となる最終手段が、**「インフレに対応する企業努力」**──**すなわち「値上げ」**です。

　世の中は消費価格の値上げトレンドにありますが、生産現場では未だに、仕入れ価格上昇や賃上げに対応する十分な価格転嫁はできておらず、依然として苦しんでいる中小企業が多く存在するのが現状です。

　その一方で、仕入れ価格の上昇に対応した十分な価格転嫁（値上げ）ができている中小企業も一定数存在しています。

　こうした値上げのできた中小企業は、どのような取り組みをしているのでしょうか。

　本書執筆にあたり複数の企業にインタビューを行った結果、十分な値上げができている中小企業には、いくつかの共通点があることがわかりました。

　その共通点のうちのひとつが、**自社が受けた仕入先からの「仕入価格の値上げ交渉から、ヒントを得ている」**ということです。

　本書を手にとられた多くの方は、少なからず仕入価格の値上げ交渉や要請を、受けたことがあるかと思います。

　ではなぜ、自分たちが受けた値上げの要請や交渉の経緯が、値上げを申請するときの役に立つのでしょうか。

　有名な兵法書である『孫子』には、「彼を知り己を知れば百戦あやうからず」とあります。

　本書でいう“彼”とは納品先、顧客のことを指します。

　“彼”を知る基本は、相手の立場になって考えることだといわれます。まさに値上げの交渉を受ける側に立ち、考えることにほかなりません。

　ですから自分たちが仕入先から値上げを求められ、それに対応した経緯は、これから顧客を相手に行う自分たちの値上げ交渉にぴったり

当てはまるのです。

　値上げの要請を受けた際に、自分たちが考えたことを顧客も考えますし、自分たちの行動はそのまま顧客の行動となります。

"彼"を知るには、まず己を知ることが最も有効で強力な参考データとなるのです。

　このように「なぜ値上げを受け入れたのか、なぜ値上げを断ったのか」──その理由を明確に言語化することができれば、値上げ交渉を行う上での大きなヒントになります。

　値上げに成功した企業には、この参考データがしっかり記録・蓄積されていました。

　自分たちが値上げの交渉を受けたときの経緯を検証すると、実に意外な事実も発見でき、それが交渉で大きくモノをいうことがあるわけです。

　本書は「中小企業の値上げのための実務書」として、以下の点に軸足を置いています。

＊仕入先から受けた「仕入価格の値上げ交渉を受けた体験」を、
　　自社製品の値上げ交渉に応用する方法
＊値上げすべき、製品や顧客の優先順位の見極め方
＊値上げしやすい製品、顧客の見極め方
＊パターン別具体的な値上げ交渉の進め方
＊利益重視の考え方を社内に定着させる方法

　値上げ交渉をする際、全製品・全顧客に対して一律に交渉を行うこ

とは現実的ではありません。

　そこでまず考えるべきなのは、値上げしやすい製品はどの製品か、値上げしやすい顧客はどの顧客かを見極め、値上げ交渉の優先順位をつけることです。

　その際に肝心なことは、**社内に売上至上主義ではなく利益至上主義の価値観が根付いている**こと。

　これができていないと値上げ交渉は迷走し、暗礁に乗り上げかねません。

　本書は前述の要素について、それぞれ説明をした上で、その共通点を持つ企業がなぜ十分な価格転嫁に成功しているのか、その要因を明らかにし、**値上げによって利益確保する新たな企業努力の形を解説し、提案**していきます。

　中小製造業の皆様が本書をヒントに、1社でも多く適正な価格での販売、価格転嫁が実現できれば著者として望外の幸せです。

目次

はじめに ……………………………………………………………… 2

CHAPTER I

値上げ交渉を受けてわかった
取引先が値上げを承認するときの
意思決定メカニズム

人間関係が決め手となって
仕入価格・外注価格の値上げを受け入れたＡ社 ……………… 14

○利益減少の原因を実態調査　14

○損益計算より人間関係重視の意思決定　17

A社のケースからわかる
値上げ交渉のヒント ………………………………………………… 19

○なぜ仕入価格が上がるのか　19

○企業はどういう場合に
　値上げを受け入れざるを得ないと判断するのか　20

○安値一本で勝負することの危うさ　22

値上げされる側になって
自社と取引先の関係を考える ……………………………………… 24

○改めて得意先との関係を点検　24

○意外に仕入れ価格に鈍感だったA社　24

値上げを実行していく上で大切なのは
社員の利益意識を向上させること ……………………………… 27

　　○値上げには全社的意識改革が必要　27

　　○利益を数字で追える、
　　　見える化するとはどういうことか　28

　　○情報共有で社内の意識は変わる　31

　　○利益項目の会議資料への掲載や利益をKPI化する　32

　　○利益で評価される環境づくりとは　33

　　○利益を上げる知識を磨く機会とは　35

時代の変化によって大きく変わった
「値上げ」の心証 ……………………………………………… 36

　　○値上げの影響度が下がった飲食店業界　36

　　○値上げに驚かなくなった消費者　37

CHAPTER Ⅱ

優先的な値上げと劣後の値上げの見極め方
値上げ緊急度の高い製品と
顧客を正しく判別する方法

課題1
値上げしてもどのくらい利益が増えるかわからない ……… 40

　　○正しい利益の捉えかた　40

　　○顧客別損益と製品別損益をたしかめよう　41

課題2

製品別・顧客別損益状況の正しい測り方 ……………… 42

○自社の損益を正しくつかむ方法　42

○変動費とは何か　46

○固定費は常に一定　47

○限界利益とは何か　48

○変動損益計算書の構造図からわかること　48

○損益計算書と変動損益計算書のモデル書式　51

課題3

限界利益をつかった
製品・顧客ごとの損益分析 ……………………………… 54

○限界利益は損益を見分ける指標　54

○損益計算書の売上総利益では利益を正しくつかめない　56

○本当の損益がわからない　60

演習1

限界利益から値上げの必要な製品の
値上げ幅を求める ………………………………………… 66

○値上げしたらいくら儲かるのか　66

○限界利益マイナスのモデル　66

○製品1個当たりの儲けがわかる製品別限界利益　70

○製品1個当たりの限界利益の
　内訳をデータ化しておく　72

演習2

なぜ限界利益が低いといけないのか ………………………………… 74

○固定費負担が重くなる　74

演習3

顧客別の儲けがわかる顧客別限界利益で
値上げ交渉先の優先度を判断する ……………………………… 78

○顧客別限界利益を算出　78

○限界利益でわかる値上げ緊急度の高い製品と顧客　81

CHAPTER Ⅲ

本当に値上げできるのか？
製品・顧客別に値上げ難易度の見当をつける方法

パターン別に見る
製品別・顧客別の値上げ交渉の方針決定方法 …………………… 84

○値上げ交渉は常に相手のあること　84

○パターン別　値上げ成立の可能性が高い製品　85

○パターン別　値上げ交渉成立の高い顧客　89

○パターン別　対応方針のまとめ　98

放置できないお客はどこか？
顧客別限界利益の水準で
値上げ交渉の緊急度を判別する ·· 100

　　○問答無用で値上げが必要なとき　100

CHAPTER Ⅳ

いくら値上げすればよいのか？
製品ごとの適正価格の設定方法

製品別、顧客別希望限界利益から逆算する
新製品価格の算出 ·· 108

　　○適正な値上げ額を懐に入れておく　108

　　○目標販売価格と最低妥結価格　108

　　○製品別の適正価格　110

　　○製品を複数製造している場合の限界利益　111

　　○業種別の平均限界利益率の指標　114

適正価格の設定方法
適正価格設定の２つのパターン ··· 116

　　○利益回復か経営改善か　116

　　○製造コスト上昇分を価格転嫁する場合の
　　　適正価格の設定方法　118

製品の種類が多い場合の価格設定の方法 ························· 134

　　○ABC分析の手法を応用　134

　　○複数製品をABC分析でグループに分ける　136

「業種別平均限界利益率」等の指標を
目標指標とする場合の適正価格の設定方法 ······················ 138

　　○経営改善を目指した値上げ　138

　　○最低妥結価格を設定するときの考え方　146

CHAPTER Ⅴ

値上げ交渉8つのシナリオと
交渉ステップ

すべての結果は準備段階で8割が決まる ····························· 148

　　○交渉は常に先の先を見て行うことが基本　148

　　○パターン別の対応手順　150

　　○それでも交渉を見送るべき相手　159

交渉資料を準備するときの肝は情報開示 ···························· 162

　　○公的な値上げ資料を活用　162

○企業の価格転嫁の成功理由、
　　第一位は「原価を示した価格交渉」　162

○製造コストの上昇を裏付けるデータの収集　165

○公的情報を活用して値上げ交渉の資料をつくる　169

○製品別固定費の算出　172

○直接、間接に分けたら製品別に配賦　173

○直接労務費の算出方法　174

○間接労務費の算出方法　176

○製造経費の算出方法　179

おわりに　………………………………………………………………　182

CHAPTER I

値上げ交渉を受けてわかった

取引先が値上げを承認するときの
意思決定メカニズム

利益減少の原因を実態調査

　取引先はどのようなケースでスムースに値上げを認めてくれたのか、Ａ社のケースで見ていくことにしましょう。

　工場用機械の部品を製造する、従業員数約30名規模の企業Ａ社より、「最近利益が減少しているので、改善策を検討したい」という相談がありました。

　売上の増減はないものの、仕入価格の上昇のあおりを受け、粗利が数％減少しているといいます。

　Ａ社に伺い、社長ならびに仕入・外注管理の一切を任されていた工場長に、まず仕入価格の上昇の状況について話を聞くことにしました。

　工場長は人当たりがよく、取引先に対しても面倒見がよい反面、押しに弱い人物です。

　ここ1年間で仕入価格アップを受け入れた仕入先は、Ｂ社・Ｃ社・Ｄ社の3社があり、それぞれ仕入価格を受け入れた経緯につき、ヒアリングしました。

エピソード❶

長年付き合いのある仕入先Ｂ社から値上げ要請

　長年付き合いのあるＢ社の担当者が、原材料価格の高騰を理由に値上げをしたい旨の交渉に訪れたのは、しばらく前のことです。

　Ｂ社の担当者は、普段はＡ社の調達担当者とやり取りをしており、工場長とは面識がありませんでした。

　そこでＢ社の担当者は、まずＡ社の調達担当者に値上げを持ち掛けました。

　ただ、Ａ社の調達担当者には、仕入れ価格の決裁権がありません。「私では判断ができない」と、Ｂ社の担当者と工場長との面談をセッティングしました。

　両者の面談でＢ社の担当者が資料を用いて、樹脂に使う原油価格の変動状況と、製品１個当たりの利益が極端に減少していることを丁寧に説明したところ、工場長は仕入先が希望する仕入価格で値上げを受け入れました。

　Ｂ社の値上げ交渉を受け入れた理由をたしかめると、

　　①長年取引している仕入先であり、

　　　Ａ社の調達担当者とも付き合いが長いこと

　　②調達担当者がいつも融通をきかせてくれていること

　　③仕入先の収支が圧迫されて、つらい状況がよくわかったこと

以上のような説明がありました。

Ｂ社と同等の製品を納めている仕入先Ｃ社

　Ｂ社の仕入価格の値上げを受け入れた１カ月後、今度はＢ社と同じ製品を取り扱う、Ｃ社の担当者が値上げ交渉に訪れました。

　Ｃ社の担当者からは口頭で、「原材料価格が上昇しているため、取引価格の見直しをお願いしたい」という話がありました。

　工場長は先だってＢ社の値上げを受け入れたこともあり、Ｂ社と同等の価格でＣ社の値上げを受け入れました。

　Ｃ社の値上げ交渉を受け入れた理由をたしかめると、

　　①先にＢ社の値上げを受け入れていたこと

　　②Ｃ社の担当者からよく接待に誘われており、

　　　値上げを断りづらかったこと

以上のような説明がありました。

新製品を共同開発した仕入先Ｄ社

　Ａ社では、得意先の要望を受けて新製品の開発をＤ社と共同で行い、新製品の製造工程の一部をＤ社に外注していました。

　新製品は順調に売上を伸ばし、安定的な売上を確保できるようになってきました。

　ところが最近になって不良率が上がってきたため、工場長はＤ社の社長と面談することになりました。

　不良率改善の話し合いの席で、工場長はＤ社社長から外注価格の値上げの相談を持ち掛けられます。

　Ｄ社社長からは、「ベテラン社員の体調が悪化したため、新たな人材を数名投入し教育をしている状況であり、労務費がかさばって採算

が取れない」との説明を受けました。

　工場長は話し合いの結果、外注価格の値上げを受け入れました。

　D社の値上げ交渉を受け入れた理由をたしかめると、

　　①本製品はD社との共同開発品であり、

　　　D社とは切っても切り離せない関係であること

　　②D社の担当者ではなく、社長からていねいな説明を受けたこと

　　③不良率の減少を約束してくれたこと

　以上のような説明がありました。

損益計算より人間関係重視の意思決定

　A社の工場長に各社の仕入・外注価格の値上げ受け入れの経緯を確認した後、「これらの値上げにより、どの程度利益の減少につながるか」と質問したところ、次のような回答がありました。

　①自社の製品の利幅が減少することは理解できていたが、

　　軽微なものと思っている

　②製品ごとにどの程度利幅が減少するかは正確にはわからない

　A社では10年前に作成した原価表をそのまま運用しており、仕入・外注価格の値上げがあっても反映しておらず、製品ごとの利幅も正確にはわかっていない状態でした。

　工場長は安易に値上げを受け入れたことについては、反省していましたが、仕入・外注先ごとに値上げを受け入れざるを得ない理由があったと話します。

一見すると、工場長は数字の裏付けに乏しく、情実によって値上げの受け入れを決めているようです。

　ただ、程度の差こそあれ、**「取引先との人間関係が値上げ交渉で、大きくモノをいう」**ことは動かしがたい事実です。

　もちろん、人間関係ですべてが決まることはありませんが、**人間関係という「情の部分」がベースにあるとないとでは、交渉の推移が大きく変わってくる**ことを、心得ておいたほうがよいのは間違いありません。

A社のケースからわかる 値上げ交渉のヒント

なぜ仕入価格が上がるのか

　ここまでA社が、仕入先の値上げを受け入れた事例を見てきました。

　先にも述べたように、A社のケースでは仕入れ価格の上昇は、驚くほど人間関係によって決定されていました。

「人は論理によって説得され、感情と利害によって行動する」（カーネル・サンダース）といわれますが、値上げ交渉の現場でも相手は人ですから、**モノを言うのは論理よりも感情**ということになりそうです。

　この事実はいかなるレベルの交渉であっても、常に重要なファクターとなります。

　そこで素朴な疑問ですが、なぜ仕入価格は上がるのでしょうか？

　答えは、「仕入れ側がその価格を受け入れるから」。

「何を、あたりまえのことを！」と思われたかもしれませんが、仕入れ側が受け入れなければ、仕入価格が上がることはないのです。

　どういうときに受け入れるしかないと判断するのか、その理由と背景を見ていきましょう。

企業はどういう場合に
値上げを受け入れざるを得ないと判断するのか

値上げを受け入れざるを得ないとは、どのような理由か。

先の事例を参考に整理していきたいと思います。

①仕入先との良好な関係性がある

B社C社のように、

・仕入先担当者と定期的に直接話す機会がある

・融通を利いてくれる

など、「他社にはない付加価値」や「恩の歴史」があることは、

値上げを受け入れざるを得ない理由のひとつになります。

②仕入製品の競合がない

D社のように、

・共同開発を行う

・他社にまねできない製品を作っている

・金型の所有権が仕入先にある

など、他社が入り込めない状況が作られると、当然ですが仕入先

の立場に優位性が生まれ、値上げ交渉を有利に進められます。

③値上げの背景や根拠のていねいな説明がある

B社のように、

・原材料費の変動状況や製品１個当たりの利益減少などの

　根拠を数字で示される

など「致し方ない」と思わされる、ていねいな説明があると、交

渉を受ける側も値上げの背景や事情が、理解しやすくなります。また、値上げ交渉の担当者に決裁権がなくても、担当者から決裁者に説明がしやすい状況を作ることができます。

④価格以外のメリットの提示がある

D社のように、

・不良品率を減少させる約束をする

などの他にも、

・配送頻度を増やす

・専任の担当者を付ける

・技術協力する

など、事情に合わせたメリットの提示があると、相手の譲歩を促すことができます。

⑤トップ営業を受ける

普段、担当者とやり取りをしているところに、取引先企業の社長から直々に値上げの相談があると、本気度や熱意が伝わりやすく、値上げを受け入れさせる圧力になるはずです。

①と②については、一朝一夕にできることではありませんが、③④⑤は比較的すぐに取り組めるでしょう。

このように仕入先から受ける値上げ交渉の経緯、交渉を受け入れた理由を分析してみることは、自社製品の値上げ交渉の大きなヒントになります。

交渉を受けた際に提示された資料などは、自社製品の値上げ交渉に応用できるため、全社的に残すようにするべきです。

安値一本で勝負することの危うさ

　次は、A社と取引先E社の値上げ交渉の経緯を見ていきます。

　A社がE社と取引をはじめたのは数年前で、他社より仕入価格が安いことが理由でした。その後、仕入価格の安さからE社との取引は拡大し、A社は複数の材料をE社から仕入れていました。

　あるときE社から、FAXで価格改定のお知らせが届きました。

　その後E社担当者から「（FAXで）お知らせのとおり、価格改定をお願いしたい」と電話がありました。

　工場長はE社との取引を解消、リスク分散で同じ材料を仕入れていたF社に、仕入を集約することにしました。

　E社の値上げ要請は失敗してしまったのです。

　E社の値上げ交渉を受け入れなかった理由をたしかめると、

　　①人間関係が薄い。

　　　　E社担当者とは発注時に電話でやり取りする程度で、

　　　　直接の面識がなかった

　　②価格だけが取引理由だったので、

　　　　値上げは取引解消を意味していた

　　③価格は多少高いが、

　　　　E社以外の選択肢としてF社から仕入れることができた

　　④先の事例のように、

　　　　他社からはていねいな説明や一定の関係性があったが、

　　　　FAXで一方的な通知があったことで不快に感じた

　以上の説明がありました。

このように、

　　・関係性が薄い

　　・価格だけが取引理由

　　・製品競合が多い

　　・説明が不足している

　　・一方的なコミュニケーション

など、値上げを断りやすい理由を複数作ってしまうと、当然交渉はうまくいきません。

　値上げ交渉を受ける立場で考えると、してはいけない行動がよくわかるでしょう。

値上げされる側になって 自社と取引先の関係を考える

改めて得意先との関係を点検

　値上げ交渉では、自社と相手先の関係性がかなりのウエイトを占めるということがわかりました。

　この機会に改めて、相手先との関係を棚卸ししてみることをおすすめします。

　前述したように、良好な関係性は、一朝一夕では築けません。

　E社のように安値だけで取引を拡大してきていると、値上げ交渉は直ちに取引終了を意味しかねないのです。

　また自社の製品、サービスに自信があったとしても、それは取引先から見てもそのとおりか、競合他社によって自社の地位が脅かされていないか、値上げ交渉の前にこうした状況を、再点検することが大切です（【図1-1】）。

意外に仕入れ価格に鈍感だったＡ社

　Ａ社社長は工場長から仕入・外注価格の値上げ受け入れを報告された際、利益への影響については「軽微なもの」と報告を受けていました。そのため「そろそろ当社も値上げが必要か」とは思いながらも、早急に対策を打つ必要はないと判断しました。

【図1-1】自社と取引先の関係性点検表

□資本関係・技術提携等の特別な関係があるか
□自社製品に特別の優位性があるか
□取引先に自社以外の選択肢があるか
□情報提供等で自社に高い優位性があるか
□取引の歴史は長いか
□人間関係・信頼関係は厚いか
□担当から取引責任者、社長まで面識があるか
□価格や支払い条件等のサービスで関係を維持していないか
□取引先の自社評価を正しくつかんでいるか

　結果、利益率が数％減少していることに気づくのに4カ月、得意先への価格転嫁を行うのにさらに8カ月を要し、合計1年間は利益率の低い苦しい経営が続きました。

　なおA社は、その後も元の利益率に戻ることはありませんでした。

　このように、**自社製品の値上げの前に仕入価格の値上げを受け入れてしまうと、数カ月または1年単位にわたって、仕入価格上昇分の損失をカバーできない状況が続く恐れがあります。**

　A社のように、損益に鈍感で楽観的な企業はそうはないように思うでしょうか。

　――実のところ珍しいことではありません。

　むしろ損益の数字に敏感で、仕入れ価格を1円単位で管理している企業は少数派です。

　値上げ交渉場面では、人間関係の側面を軽視することなく進めることが、A社のケーススタディから学べるでしょう。

　翻って自社の経営を考えるときは、仕入先とのコミュニケーション

や、新聞・専門紙などから原材料価格の動向を把握し、原材料価格高騰時には、先に自社製品の値上げ交渉準備をしておくことが、経営の基本動作であることを忘れてはいけません。

　仕入先からの値上げ交渉を受け入れるかを検討する以前に、仕入価格の上昇による自社利益への影響度合を把握しておかないと、大きなリスクを招くことになります。

値上げを実行していくうえで大切なのは社員の利益意識を向上させること

値上げには全社的意識改革が必要

「はじめに」でも触れたように、利益重視の考え方を社内に定着させることは、値上げを行っていく上で非常に重要です。

　積極的に値上げを行っていくには、社員自身が利益について考え、利益確保を意識する環境を整えていくことが、必要になります。

　会社には営業部や製造部がありますが、**「営業部は売上を上げる専門家」「製造部は製品を作る専門家」** となっているケースがほとんどです。

　営業部はいかに売上拡大を図り、得意先に対する売上を伸ばし、シェアの獲得を進め、新規拡大をしていくかをミッションに行動していることが多いでしょう。

　製造部は納期に遅れないか、不良品率に異常がないかと行動していることがほとんどです。

　そこに売上・品質をマネジメントする意識はあっても、利益のマネジメント意識はありません。

　つまり多くの場合、利益を意識する環境に乏しく、利益重視の風土が社内に整っていないということを表しています。

まずは「利益を上げる」ということを全社共通の関心事に引き上げていかなければなりません。

【図1-2】専門性が上がると視界が狭くなる

営業部
売上を上げる専門家

製造部
製品を作る専門家

【主な関心事】
売上・取引シェア・納期

【主な関心事】
品質管理・納期管理・在庫管理

「利益」を
関心事に引き上げる

　ここでいう利益を意識する環境とは、以下のような状態を指します。
　①利益を数字で追える、見える化できている
　②利益で評価される
　③利益を上げる知識を磨く機会がある
　利益意識を社内に浸透させるためには、最低この3つが必要になります。

利益を数字で追える、
見える化するとはどういうことか

　利益を追う、見える化するためには、まず製品別変動費率、限界利益率を正しく算出できることが前提になります。
　営業部においても製造部においても、数字を常に目に見えるような状態にしていくのが望ましく、そのためにまずやるべきことは、**コス**

ト状況の見える化と利益状況の見える化です。

これはたとえば、

・社内報で定期的に共有する

・朝礼で報告する

・営業部・製造部の会議の中で確認していく

という形で十分進められると思います。

共有すべき指標と方法には、以下の４つがあります。

・原材料価格情報の社内共有

・製品別変動費、限界利益表の社内共有

・利益項目の会議資料への掲載やKPI（重要業績評価指標）化

・原材料価格情報の社内共有

原材料価格情報の社内共有とは、【図1-3】のように原材料費の価格変動状況をリスト化して、全社で共有・随時更新をしていくというものです。

【図1-3】共有すべき原材料価格情報

原材料費の価格変動

（単位：円）

原材料品目	単位	期初	前月	当月	対前月差異	対期初差異
A	ロット	290	300	320	+20	+30
B	㎡	140	150	145	−5	+5
C	XX	XX	XX	XX	XX	XX
D	XX	XX	XX	XX	XX	XX
E	XX	XX	XX	XX	XX	XX
F	XX	XX	XX	XX	XX	XX
…	…	…	…	…	…	…

たとえば原材料Ａは期初に290円だったものが、当月には320円に値上がりしています。これを見れば、営業部でも価格変動状況を確認できますし、原材料価格上昇時には、価格交渉の準備を先回りして行うことも可能になります。

また、値上げ交渉時の根拠資料としても活用できます。

最初のうちは毎月でなくとも、四半期・半期に1回という頻度でも更新を続けることで習慣化するでしょう。

原材料の価格変動の見える化ができれば、製品別の変動費・限界利益の管理へとランクアップさせます。

変動費とは、材料費や設備の稼働に要するエネルギー費などで、売上高の上下と共に増減する経費のことです。

ちなみに人件費など、売上高の上下にかかわらず常に一定して発生する経費のことは固定費と言います。

限界利益とは売上高から変動費を差し引いた金額のことで、算出式は以下のとおりです。

＊限界利益＝売上高−変動費

変動費率とは売上高に占める変動費の割合であり、限界利益率とは売上高に占める限界利益の割合のことです。

仕入れ価格が上がれば原則変動費も上がり、売上高が横ばいであるなら変動費率も上がることになります。

変動費率が上がれば、相対的に限界利益率が下がります。

限界利益については、CHAPTER Ⅱで算出方法を含めて詳述いたします。

情報共有で社内の意識は変わる

　製品別の変動費・限界利益の見える化を行うことで利益が出ている製品、利益が減ってきている製品、増えてきている製品が一目瞭然となります（【図1-4】）。

　たとえば、この資料を使って価格改定方針を決めたり、値上げ交渉の対象製品を絞り込んだりと、利益増強に向けた動きがとりやすくなります。

【図1-4】共有すべき製品別変動費率・限界利益率表

製品変動費のコスト変動

（単位：円）

製品	単位	期初	前月	当月	対前月差異	対期初差異	平均売価	期初 変動費率	期初 限界利益率	見込み 変動費率	見込み 限界利益率
A	個	600	610	615	+5	+15	1,000	60.0%	40.0%	61.5%	38.5%
B	ロット	3,500	3,550	3,575	+25	+75	7,000	50.0%	50.0%	51.1%	48.9%
C	XX	XX	XX	XX	XX	XX	XX	XX	XX	XX	XX
D	XX	XX	XX	XX	XX	XX	XX	XX	XX	XX	XX
E	XX	XX	XX	XX	XX	XX	XX	XX	XX	XX	XX
F	XX	XX	XX	XX	XX	XX	XX	XX	XX	XX	XX
…	…	…	…	…	…	…	…	…	…	…	…

　【図1-4】を見ると、製品Aは期初と比べて変動費が15円増加し、限界利益率が1.5ポイント下がっています。

　製品Bと比べて限界利益率も低いため、条件によっては値上げ交渉対象製品と指定し、交渉を進めていくこともできます。

利益項目の会議資料への掲載や利益をＫＰＩ化する

　製品別の変動費、限界利益の管理・随時更新ができれば事業別、部門別、営業担当者別、顧客別の限界利益率管理に発展させます（【図1-5】）。

　これらの指標を定期的に更新し、営業部で確認することによって、異常値の発見が早くなったり、利益確保のための製品別、顧客別の営業方針が決めやすくなります。

　たとえば限界利益率が低い顧客に対して、限界利益ミックス（p 94）の提案や、値上げの提案などのアクションを決める判断材料として、活用できます。

【図1-5】 事業別・担当別限界利益率の管理表

事業別限界利益率

		6月末	9月末	12月末	3月末
事業A	部門a	45.5%	45.6%	45.2%	45.2%
	部門b	48.3%	48.2%	48.5%	48.3%
	部門c	XX	XX	XX	XX
	事業合計	XX	XX	XX	XX
事業B	部門a	XX	XX	XX	XX
	部門b	XX	XX	XX	XX
	部門c	XX	XX	XX	XX
	事業合計	XX	XX	XX	XX

担当別限界利益率

		6月末	9月末	12月末	3月末
担当A	顧客a	45.5%	45.6%	45.2%	45.2%
	顧客b	48.3%	48.2%	48.5%	48.3%
	顧客c	XX	XX	XX	XX
	・・・	・・・	・・・	・・・	・・・
	・・・	・・・	・・・	・・・	・・・
	合計	XX	XX	XX	XX
担当B	顧客x	XX	XX	XX	XX
	顧客y	XX	XX	XX	XX
	顧客z	XX	XX	XX	XX
	・・・	・・・	・・・	・・・	・・・
	・・・	・・・	・・・	・・・	・・・
	合計	XX	XX	XX	XX

利益で評価される環境づくりとは

　変動費や限界利益の整理・見える化が進めば、限界利益を評価指標として活用できるようになります。

　しかし、利益が見える環境が整っていたとしても、「売上」のみを業績評価指標として使っていた場合、限界利益率の改善を行ったとしても評価されないことになり、なかなか具体的な行動へと結びつきづらくなります。

　そこで、変動費や限界利益を管理できる環境が整ったら、その有効活用と精度の向上のために、積極的に評価指標の利益項目を取り入れることが肝心となります。

　評価が伴わないことには、利益意識を全社で共有することが困難と考えてください。

　業績評価指標の組み合わせとしては、以下のようなモデルがあります。

●営業部で業績評価を行う場合のモデル

　営業部で業績評価を取り入れる場合、以下の4つのモデルがあります。

　①売上高と限界利益率の組み合わせ

　②売上高と営業利益率の組み合わせ

　③限界利益額のみ

　④営業利益額のみ

【図1-6】は業績評価指標として、売上高の予算対比と限界利益率を組み合わせています。

売上高予算対比の指標と限界利益率はいずれの指標も、高得点が取れれば限界利益額、営業利益額が担保できて経営に貢献することから、バランスの良い評価指標の組み合わせといえます。

【図1-6】業績評価表の例

業績評価指標	ウエイト	配点										実績	点数	点数×ウエイト
		10	20	30	40	50	60	70	80	90	100			
売上高予算対比	50%	88%未満	91%未満	94%未満	97%未満	100%未満	103%未満	106%未満	109%未満	112%未満		104%	70	35
			88%以上	91%以上	94%以上	97%以上	100%以上	103%以上	106%以上	109%以上	112%以上			
限界利益率	50%	41%未満	42%未満	43%未満	44%未満	45%未満	46%未満	47%未満	48%未満	49%未満		48%	90	45
			41%以上	42%以上	43%以上	44%以上	45%以上	46%以上	47%以上	48%以上	49%以上			
												業績評価点		80

●製造部で業績評価を行う場合のモデル

製造部で業績評価を取り入れる場合、以下の3つのモデルがあります。

①限界利益率と製造原価の内の固定費額の組み合わせ

②限界利益率のみ

③限界利益額と製造原価の内の固定費額の組み合わせ

製造部はコストセンターのため、売上のコントロールはできませんが、変動費率や固定費額のコントロールは可能です。

原材料費等が上昇した場合も、外部環境に対応して営業部と連携し、値上げによる限界利益率の改善を一緒に行っていくことが、ミッションとなります。

利益を上げる知識を磨く機会とは

・利益を数字で追える環境
・利益が見える化された環境
・利益で業績が評価される環境

　これらが社内で整えば、利益を上げることへの意識が社員に浸透しはじめます。

　利益への関心度が高まった状態で、社内で財務勉強会を行ったり、社外で研修を受けたり、知識を共有する機会を作れば、財務知識の吸収力が上がります。

　逆に上記のような環境が整っていない状況で勉強会を行っても、関心が薄いままなので、財務的な知識は身につきません。

時代の変化によって 大きく変わった 「値上げ」の心証

値上げの影響度が下がった飲食店業界

2017年に居酒屋チェーン「鳥貴族」が、商品価格を280円を298円に値上げした直後、値上げによる客数減少の影響で、赤字に転落したと報道されました。

ファストフードチェーンの「マクドナルド」は65円に値下げしたハンバーガーを2年後に80円に値上げした途端、売上高が大きく減少し、再度値下げを行うことになりました。

どちらも、安さを求める消費者をターゲットに集客を行い、消費者にも〝価格が安い〟というブランドイメージが定着していましたから、「鳥貴族」と「マクドナルド」は価格戦略を見誤った失敗事例として扱われました。

ところが2023年秋現在、「鳥貴族」は2022年に続いて、今年も連続して値上げを行ったにもかかわらず、同社の業績は史上最高額をたたき出しています。

同じく「マクドナルド」も、値上げをしても依然好調を持続して業績に陰りは見られません。

同じ企業で、なぜ消費者の反応がここまで違ったのでしょうか。

理由は明らかです。

値上げに驚かなくなった消費者

両社いずれも、値上げが客離れを引き起こしたのはデフレ下のことであり、同じ業態をとる他社は安価のままであったため、消費者の反発を買い、容易に他店を選択できたことが、客離れの背景でした。

翻って現状を見たとき、円安、物価高は社会全体で起きており、他店も同様に値上げをしているため、消費者はかつてのような拒絶反応を示していません。

そして、値上げはそのまま業績を押し上げる働きをしています。

これら2つは飲食業の事例ですが、これまで価格戦略で戦ってきた中小製造業でも、同じようなことが起こっている可能性があります。

時代を味方につけることは、値上げに限らず経営にとって非常に大事なことです。

時代というのは自社と取引先だけではなく、その上流と下流を含む社会全体に影響し、エンドユーザーや消費者の行動をも変えてしまうからです。

したがって、社会全体を俯瞰するような広い視野、大局観が値上げの意思決定の背景になくてはなりません。

CHAPTER Ⅱ

優先的な値上げと
劣後の値上げの見極め方

値上げ緊急度の高い製品と
顧客を正しく判別する方法

値上げしてもどのくらい利益が増えるかわからない

正しい利益の捉えかた

　経営者に「なぜ値上げをしたいのか」と聞くと、「利幅を確保するため、利益を増やすため」と即答する方が多いのですが、「値上げをすると、どのくらい利益が増えるか」という質問には、ほとんどの方が「やってみないとわからない」と答えます。

「利益をいくら増やしたい、○％改善したい、粗利率を維持したい」など目標はあるものの、値上げという手段を使って、どの程度増えるのかがわからない状態といえるでしょう。

　これでは、けっして簡単なことではない値上げを苦労してやってみても、業績の改善につながるか心もとなく、骨折り損に終わることさえあるかもしれません。

　そんなことに陥らないよう、CHAPTER Ⅱではこれまで原価や利益を、正しく管理できていなかった中小企業でも実現可能な、

　　　・値上げが利益に、どう影響するのかを把握する方法

　　　・どの製品、どの顧客から値上げ交渉をはじめるべきか

　　　　見極める方法

について紹介します。

　これらを理解いただければ、適正な値上げ戦略を導き出せるとともに、利益率をうまくコントロールする手段もわかるようになります。

顧客別損益と製品別損益をたしかめよう

　利益率のコントロールにはまず自社の身体検査、すなわち現状の損益状況を正しく知る必要があります。

　損益状況というと、一般的には損益計算書に記載の売上総利益（粗利益）を思い浮かべると思いますが、ここでは違う観点から見ていきます。

　その観点こそ**「顧客別損益」**と**「製品別損益」**の2つです。

　顧客別・製品別の損益状況は、売上総利益（粗利益）ではなく顧客別・製品別の限界利益を使うことで、より正確に測ることができます。

（※なぜ、粗利益ではなく限界利益を使うのかは、後ほど説明します）

　また先述したＡ社の事例のように、仕入価格が上がった際に利益にどの程度の影響が出るかも、事前に把握することができる観点のため、自社製品への価格転嫁（値上げ）の根拠が明確になります。

　値上げ交渉をはじめる前にまずは自社製品、顧客別の正しい損益状況をつかんでおくことが値上げ準備の第一歩です。

製品別・顧客別損益状況の正しい測り方

自社の損益を正しくつかむ方法

　製品別・顧客別の正しい損益状況をつかむためには、財務諸表の一つである損益計算書を加工して、「変動損益計算書」を作成する必要があります。

　後ほど解説しますが、一般的な損益計算書よりも変動損益計算書のほうが、シンプルな構造であり、利益増減の要因がわかりやすく、利益改善の対策が立てやすくなっています。

【図2-1】損益計算書と変動損益計算書

損益計算書例 （単位：円）

	実績	計算式
売上高	5,000,000	a
製造原価	3,550,000	b
売上総利益	1,450,000	c = a - b
販管費	750,000	d
営業利益	700,000	e = c - d

変動損益計算書例

	実績	計算式
売上高	5,000,000	a
変動費	3,150,000	b
限界利益	1,850,000	c = a - b
固定費	1,150,000	d
営業利益	700,000	e = c - d

一般的な損益計算書では、費用を製造原価と販管費に振り分けます（【図2-2】）。

【図2-2】　損益計算書の場合の費用の区分イメージ

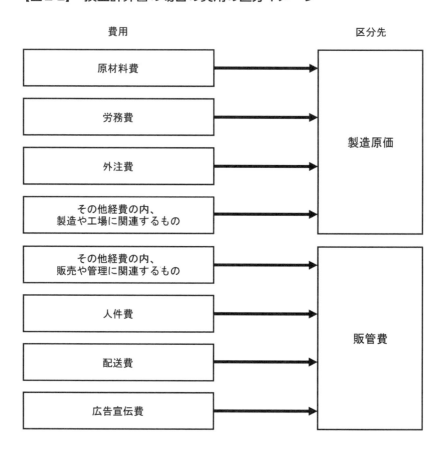

一方、変動損益計算書では、費用を変動費と固定費に振り分けます（【図2-3】）。

【図2-3】　変動損益計算書の場合の費用の区分イメージ

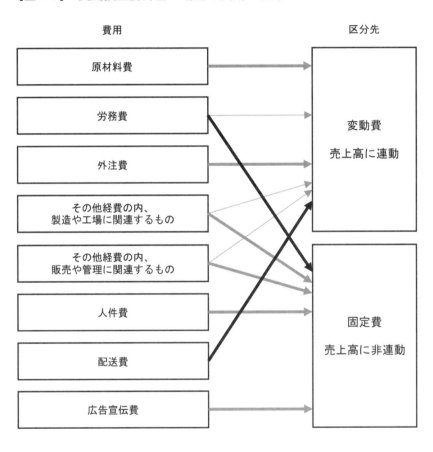

変動費とは何か

　変動損益計算書の構造は【図2-6】（p49）にあるように売上高、変動費、限界利益で構成されています。

　限界利益はそこからさらに、固定費と営業利益に分解されます。

　では、まずCHAPTER Iでも触れた変動費について解説していきます。

　変動費とは、売上の増減に応じて変動する費用のことです。

　変動費の代表的な項目には、原材料費や設備を動かす際に必要な電気代やオイル代、また外注費や配送費、繁忙期に発生する臨時パートの労務費などが含まれます。

【図2-4】売上高と変動費の関係性

（単位：円）

売上高	2,000,000	4,000,000
変動費率	60%	60%
変動費（額）	1,200,000	2,400,000

※売上高が2,000,000円から4,000,000円へ増えると、変動費も上昇する。

　一方、変動費率は「変動費率＝変動費÷売上高」なので、変動費が上下しても変動費率は原則一定となる。

固定費は常に一定

　一方、変動費と対をなす固定費とは、売上の増減に限らず発生する費用のことです。つまり売上が増えようとも減ろうとも、変わらない費用のことを固定費といいます。

　代表的な固定費の費目には地代家賃、減価償却費、固定的な労務費、人件費などがあります。変動費に該当する費用目以外の費用は、原則固定費であると捉えてよいでしょう。

【図2-5】売上高と固定費の関係性

（単位：円）

売上高	2,000,000	4,000,000
固定費（額）	1,000,000	1,000,000

※変動費と違い、売上高が倍増しても固定費は増えない。

限界利益とは何か

　変動損益計算書では、費用の振り分け方が変わるので、利益の呼び名も変わります。

　変動損益計算書の売上高から変動費を差し引いた金額を、限界利益といいます。

　一般的な損益計算書と構造は似ていますが、**焦点を限界利益に絞り込むことで手段と効果がより明確化されます。**

変動損益計算書の構造図からわかること

　限界利益は、固定費と営業利益で構成されています。

　通常、固定費は一定なので、限界利益が伸びれば営業利益も上昇します。

　賃上げなどで固定費が上昇するケースでも、限界利益を増額することで固定費の上昇分を吸収することができます。

　限界利益を増やすには、変動費を引き下げるか、変動費を据え置いて売上高を増やす、あるいはその両方となります。

　変動費を上昇させずに売上高を伸ばすには、製品の値上げが必須です。

　単に売上高を上げただけでは、変動費もいっしょに上昇してしまいますから、**変動費の上昇を伴わない売上げアップ、つまり値上げが求められる**のです。

【図2-6】損益計算書と変動損益計算書の構造図

A　損益計算書の構造図　　　　　　　　B　変動損益計算書の構造図

仕入れ価格が上昇して売上高が一定の場合

・仕入れ価格が上昇すると変動費も上昇するので、
　限界利益は小さくなる
・限界利益が減っても固定費は変わらないので、
　営業利益が減ることになる

　このケースでは、仕入れ価格が上昇した分を値上げによって転嫁し限界利益を戻すか、固定費を減らすことになります。

賃上げで人件費が上昇したが売上高と変動費は一定

・固定費が上昇するので営業利益が減少

　このケースも値上げによって売上高を上げることで、固定費上昇分を吸収することになります。

　このように限界利益に注目することによって、問題点の複雑化が避けられる上に、打つべき手段も明確になります。

損益計算書と変動損益計算書のモデル書式

　売上高5,000,000円で営業利益700,000円の内訳をそれぞれ損益計算書と変動損益計算書で表記したのが【図2-7】【図2-8】です。

【図2-7】損益計算書で表記した場合

（単位：円）

	実績	計算式
売上高	5,000,000	a
製造原価	3,550,000	b
売上総利益	1,450,000	c＝a－b
販管費	750,000	d
営業利益	700,000	e＝c－d

※売上高 － 製造原価 ＝ 売上総利益

【図2-8】変動損益計算書で表記した場合

（単位：円）

	実績	計算式
売上高	5,000,000	a
変動費	3,150,000	b
限界利益	1,850,000	c＝a－b
固定費	1,150,000	d
営業利益	700,000	e＝c－d

※売上高 － 変動費 ＝ 限界利益

損益計算書の製造原価内の固定費と、販管費内の固定費を、変動損益計算書では合算して計上しています。

　製造原価における変動費目と固定費目は概ね【図2-9】の通りです。

【図2-9】製造原価内の変動費・固定費の分類表

費目	分類	区分
材料費	主要材料 補助材料	変動費
外注費	一般的な外注費	変動費
	定額の外注費	固定費
労務費	正社員	固定費
	長期パート	固定費
	短期パート	変動費
消耗品費	包材費等、売上と連動するもの	変動費
	売上と連動性がないもの	固定費
燃料費	–	変動費
その他経費	電気代、通信費、システム料などの内、従量課金制のもの	変動費
	電気代、通信費、システム料などの内、固定的な費用	固定費
	賃料、リース代、減価償却費など	固定費

▼材料費

材料費は変動費の代表費目です。

すべて材料費は変動費と考えてよいでしょう。

▼外注費

外注費は納入量に応じて支払いが発生するものは、変動費に分類し、外注費の中でも、納入量に限らず毎月定額の支払いが発生するものがあれば、固定費に分類されます。

▼労務費

労務費は原則、固定費に分類されますが、常勤以外の臨時パートの労務費を変動費に分類することがあります。

▼消耗品費

消耗品費は原則、変動費に分類されます。

▼その他経費

水道光熱費などの従量課金のものは、変動費に分類されることが多いです。

また梱包費や配送費なども、変動費に分類されます。それ以外は基本的には固定費と考えてよいでしょう。

限界利益をつかった製品・顧客ごとの損益分析

限界利益は損益を見分ける指標

　前述したとおり、限界利益とは売上から変動費を差し引いた利益のことで、製品ごと顧客ごとの損益を計る際に有効な指標です。

　限界利益を用いることで、仕入単価が上がったときにどれくらい利益が減るか、自社製品を値上げしたときにどれくらい利益が増えるかを比較的簡単に導き出すことができます。

　したがって、特に製造業にとっては売上総利益よりも重要視すべき指標となるのが限界利益です。

【図2-10】限界利益額の構造図

売上高－変動費＝限界利益

売上高a 10,000円	変動費b 4,000円
	限界利益 a-b 6,000円

原材料費、電気代、オイル代、外注費、配送費など

【図2-10】の場合、

・売上高10,000円－変動費4,000円＝限界利益6,000円

となります。

この限界利益額を売上高で割ったものを、限界利益率といいます。

【図2-11】限界利益率の構造図

限界利益÷売上高＝限界利益率

【図2-11】の場合、

・限界利益6,000円÷売上高10,000円＝限界利益率60%

となります。

限界利益率が高ければ高いほど、製品が売れたときに残る利益が大きいと判断できます。

損益計算書の売上総利益では利益を正しくつかめない

　ここで、売上総利益を使わない理由を説明します。

　売上総利益を算出するときに使う製造原価には、製品が売れようが売れまいが必要となる経費、つまり固定費が内在するため、製品1個当たりの利益が正しく算出できません。

　固定費が一定額であるとした場合、一般的に売上高（販売数量）が増えれば増えるほど、売上総利益率は改善されます。

　逆に売上高（販売数量）が減れば減るほど、売上総利益率は悪化します。このことから、売上総利益に着目してしまうと、**自社製品の値上げや仕入単価の上昇による利益率変動はどの程度か、売上増減による利益率変動はどの程度か**が判別しづらくなります。

　そこで売上総利益を使わず限界利益を使います。

　具体的に見ていきましょう。

　以下の例は、架空のイチゴジャム専門メーカーの例です。

　社員の内訳は以下のとおりとなっています。

【図2-12】架空のイチゴジャムメーカーの人員と費用

配属	人員	月額の費用
役員	1名	役員報酬　400,000円
製造部員	1名	労務費　　300,000円
営業部員	1名	人件費　　200,000円

56

　当社では、イチゴジャム1個を作るために必要な量のイチゴが500円、瓶が1つ100円で合計600円かかります。

　得意先には、1個1,000円で毎月5,000個販売し、配送料が売上高に対して3%かかります。

　また、毎月の製造経費として減価償却費150,000円、工場の地代に100,000円が必要です。

　これを一般的な損益計算書に起こすと【図2-13】のようになります。

【図2-13】架空のイチゴジャムメーカーの損益計算書

	実績（単位：円）	売上対比
売上高	5,000,000	100.00%
販売単価	1,000	
販売数量（個）	5,000	
製造原価	3,550,000	71.00%
原材料費	3,000,000	60.00%
仕入単価	600	
製造数量（個）	5,000	
労務費	300,000	6.00%
製造経費	250,000	5.00%
減価償却費	150,000	3.00%
工場地代	100,000	2.00%
売上総利益	1,450,000	29.00%
販管費	750,000	15.00%
人件費	600,000	12.00%
役員報酬	400,000	8.00%
営業部員給与	200,000	4.00%
配送費	150,000	3.00%
営業利益	700,000	14.00%

このとき、製品1個当たりの売上総利益を計算してみると、

売上総利益1,450,000円÷販売数量5,000個
＝製品1個当たりの粗利　290円

と算出されます。

ここで販売数量が5,000個から6,000個に増えた場合どうなるか見てみましょう（【図2-14】）。

販売単価、仕入単価、固定費は変わらないものとします。

販売数量が増えたことで、売上高も増加しています。

このとき製品1個当たりの粗利益を計算すると、

売上総利益1,850,000円÷販売数量6,000個
＝製品1個当たりの粗利益308円

となります。

売上高（販売数量）が増えたことで、製品1個当たりの粗利益率もまた増加しました。

つまり売上高（販売数量）が増えた結果、粗利益率が改善したということになります。逆もまた然りで、売上高（販売数量）が減ると粗利益率は悪化します。

【図2-14】 イチゴジャムの販売量が増えた場合の損益計算書と製品1個当たりの売上総利益の変化

販売数量5,000個

	実績 (単位：円)	売上 対比
売上高	5,000,000	100.00%
販売単価	1,000	
販売数量（個）	5,000	
製造原価	3,550,000	71.00%
原材料費	3,000,000	60.00%
仕入単価	600	
製造数量（個）	5,000	
労務費	300,000	6.00%
製造経費	250,000	5.00%
減価償却費	150,000	3.00%
工場地代	100,000	2.00%
売上総利益	1,450,000	29.00%
販管費	750,000	15.00%
人件費	600,000	12.00%
役員報酬	400,000	8.00%
営業部員給与	200,000	4.00%
配送費	150,000	3.00%
営業利益	700,000	14.00%

製品1個当たり売上総利益　290円

販売数量6,000個

	実績 (単位：円)	売上 対比
売上高	6,000,000	100.00%
販売単価	1,000	
販売数量（個）	**6,000**	
製造原価	4,150,000	69.17%
原材料費	3,600,000	60.00%
仕入単価	600	
製造数量（個）	**6,000**	
労務費	300,000	5.00%
製造経費	250,000	4.17%
減価償却費	150,000	2.50%
工場地代	100,000	1.67%
売上総利益	1,850,000	30.83%
販管費	780,000	13.00%
人件費	600,000	10.00%
役員報酬	400,000	6.67%
営業部員給与	200,000	3.33%
配送費	180,000	3.00%
営業利益	1,070,000	17.83%

製品1個当たり売上総利益　308円

ここでさらに仕入単価600円から700円に上がった場合どうなるか見ていきましょう（【図2-15】）。

　販売数が増えたときと同様に計算すると、仕入れ価格の上昇によって、製品1個当たりの売上総利益が208円に減少したことがわかりました。仕入単価が上がったため、製品1個当たりの粗利益が290円から208円となりました。

　粗利益1個当たり、82円減少したように見えます。82円値上げをすれば損失は取り戻せるでしょうか。

本当の損益がわからない

　ところが実際は先に述べたように、この売上総利益の変動には**売上高（販売数量）の増加による粗利益増加要素、つまり固定費も内在している**ため、売上総利益を見ただけでは、製品1個当たりの粗利益が82円減少した原因が仕入単価の増加のせいだとは言えません。

　同じ人が同じ時間働いて、売上高が5,000,000円から6,000,000円に増えたなら、これは儲けがそれだけ増えて、めでたしめでたしとなります。

　しかし、仕入額も販売数が伸びた分だけ増えるわけですから、**本当のところいくら儲かったのかは、売上総利益からでははっきりしません**。したがって、82円の値上げが、妥当とはならないのです。

　売上総利益やそこから導き出される、1個当たりの粗利益で損益を見るとこうした不便が生じます。

　同じ例を限界利益から見るとよくわかります。

【図2-15】イチゴジャムの原材料コストと販売量が増えた場合の損益計算書と製品1個当たりの売上総利益の変化

販売数量5,000個

	実績 （単位：円）	売上 対比
売上高	5,000,000	100.00%
販売単価	1,000	
販売数量（個）	5,000	
製造原価	3,550,000	71.00%
原材料費	3,000,000	60.00%
仕入単価	600	
製造数量（個）	5,000	
労務費	300,000	6.00%
製造経費	250,000	5.00%
減価償却費	150,000	3.00%
工場地代	100,000	2.00%
売上総利益	1,450,000	29.00%
販管費	750,000	15.00%
人件費	600,000	12.00%
役員報酬	400,000	8.00%
営業部員給与	200,000	4.00%
配送費	150,000	3.00%
営業利益	700,000	14.00%

製品1個当たりの粗利益　290円

販売数量6,000個、仕入単価増

	実績 （単位：円）	売上 対比
売上高	6,000,000	100.00%
販売単価	1,000	
販売数量（個）	**6,000**	
製造原価	4,750,000	79.17%
原材料費	4,200,000	70.00%
仕入単価	**700**	
製造数量（個）	**6,000**	
労務費	300,000	5.00%
製造経費	250,000	4.17%
減価償却費	150,000	2.50%
工場地代	100,000	1.67%
売上総利益	1,250,000	20.83%
販管費	780,000	13.00%
人件費	600,000	10.00%
役員報酬	400,000	6.67%
営業部員給与	200,000	3.33%
配送費	180,000	3.00%
営業利益	470,000	7.83%

製品1個当たりの粗利益　208円

まず同じ条件のものを、変動損益計算書にまとめたものから見てください（【図2-16】）。

【図2-16】架空のイチゴジャムメーカーの変動損益計算書

	実績（単位：円）	売上対比
売上高	5,000,000	100.00%
販売単価	1,000	
販売数量（個）	5,000	
変動費	3,150,000	63.00%
原材料費	3,000,000	60.00%
仕入単価	600	
製造数量（個）	5,000	
配送費	150,000	3.00%
限界利益	1,850,000	37.00%
固定費	1,150,000	23.00%
労務費	300,000	6.00%
製造経費	250,000	5.00%
減価償却費	150,000	3.00%
工場地代	100,000	2.00%
人件費	600,000	12.00%
役員報酬	400,000	8.00%
営業部員給与	200,000	4.00%
営業利益	700,000	14.00%

製品1個当たりの限界利益を計算すると、

限界利益1,850,000円÷販売数量5,000個
＝製品1個当たりの限界利益370円

となります。

一般的な損益計算書の例と同様に、販売数量が5,000個から6,000個に増えた場合、製品1個当たりの限界利益は【図2-17】のようになります。

【図2-17】イチゴジャムの販売量が増えた場合の 変動損益計算書と製品1個当たりの限界利益の変化

販売数量5,000個

	実績 （単位：円）	売上 対比
売上高	5,000,000	100.00%
販売単価	1,000	
販売数量（個）	5,000	
変動費	3,150,000	63.00%
原材料費	3,000,000	60.00%
仕入単価	600	
製造数量（個）	5,000	
配送費	150,000	3.00%
限界利益	1,850,000	37.00%
固定費	1,150,000	23.00%
労務費	300,000	6.00%
製造経費	250,000	5.00%
減価償却費	150,000	3.00%
工場地代	100,000	2.00%
人件費	600,000	12.00%
役員報酬	400,000	8.00%
営業部員給与	200,000	4.00%
営業利益	700,000	14.00%

製品1個当たり限界利益　370円

販売数量6,000個

	実績 （単位：円）	売上 対比
売上高	6,000,000	100.00%
販売単価	1,000	
販売数量（個）	6,000	
変動費	3,780,000	63.00%
原材料費	3,600,000	60.00%
仕入単価	600	
製造数量（個）	6,000	
配送費	180,000	3.00%
限界利益	2,220,000	37.00%
固定費	1,150,000	19.17%
労務費	300,000	5.00%
製造経費	250,000	4.17%
減価償却費	150,000	2.50%
工場地代	100,000	1.67%
人件費	600,000	10.00%
役員報酬	400,000	6.67%
営業部員給与	200,000	3.33%
営業利益	1,070,000	17.83%

製品1個当たり限界利益　370円

　売上総利益で見たときの粗利益とは違い、【図2-17】のように販売数量が増えても、製品1個当たりの限界利益は同じく370円と算出され、変化はありません。販売単価や仕入単価が変動していないのです

から、当然の結果といえます。

　先の例と同じように、仕入単価が600円から700円に増加した場合は、どうなるか見てみましょう（【図2-18】）。

　仕入単価が100円増えたことにより、製品1個当たりの限界利益は370円から270円に減少しました。100円の損失です。

　また、限界利益率も10％減少しました。

　販売数量の増加に目を奪われず、仕入れ価格の上昇の影響から製品1個当たりの損益を捉えると、実際には100円の損失であり、損失を取り戻すためには82円では不足であることが明確になります。

　このように、仕入単価上昇や値上げによる利益への影響の度合いは、限界利益で見ることでよりわかりやすくなります。

【図2-18】 イチゴジャムの原材料コストと販売量が増えた場合の変動損益計算書と製品1個当たりの限界利益の変化

販売数量5,000個

	実績 （単位：円）	売上 対比
売上高	5,000,000	100.00%
販売単価	1,000	
販売数量（個）	5,000	
変動費	3,150,000	63.00%
原材料費	3,000,000	60.00%
仕入単価	600	
製造数量（個）	5,000	
配送費	150,000	3.00%
限界利益	1,850,000	37.00%
固定費	1,150,000	23.00%
労務費	300,000	6.00%
製造経費	250,000	5.00%
減価償却費	150,000	3.00%
工場地代	100,000	2.00%
人件費	600,000	12.00%
役員報酬	400,000	8.00%
営業部員給与	200,000	4.00%
営業利益	700,000	14.00%

製品1個当たり限界利益　370円

販売数量6,000個

	実績 （単位：円）	売上 対比
売上高	6,000,000	100.00%
販売単価	1,000	
販売数量（個）	6,000	
変動費	4,380,000	73.00%
原材料費	4,200,000	70.00%
仕入単価	700	
製造数量（個）	6,000	
配送費	180,000	3.00%
限界利益	1,620,000	27.00%
固定費	1,150,000	19.17%
労務費	300,000	5.00%
製造経費	250,000	4.17%
減価償却費	150,000	2.50%
工場地代	100,000	1.67%
人件費	600,000	10.00%
役員報酬	400,000	6.67%
営業部員給与	200,000	3.33%
営業利益	470,000	7.83%

製品1個当たり限界利益　270円

限界利益から値上げの必要な製品の値上げ幅を求める

値上げしたらいくら儲かるのか

　変動費率・限界利益率を使うことで、仕入単価上昇による変動費率、限界利益率の変化を正しく測ることができるとわかりました。

　仕入単価上昇による利益への影響度合いを、正しく測ることができれば、値上げ交渉が成功し、販売単価の引き上げに成功した場合にも利益への影響度合いを正しく測ることができます。

限界利益マイナスのモデル

　限界利益がマイナス（赤字）の状態は、【図2-19】で表すことができます。

　仕入価格等の上昇により、「仕入価格等上昇後b」（【図2-19】）のように変動費が売上高を超え、限界利益がマイナスの状態になると、売れば売るほど赤字が膨らむ状態になってしまいます。

　また上記の「仕入価格等上昇後a」（【図2-19】）のように限界利益がプラスであっても、限界利益率が低い場合は売っても売っても利益がなかなか増えない状態になります。

【図2-19】限界利益がマイナスの状態

製品別、顧客別に限界利益の状況を知ることで、価格交渉の優先順位付けや「何を売るか、誰に売るか」の営業活動の優先度がわかるようになります。

イメージをつかんでいただくために、ここではあえて極端な例を用います。

製品の平均売価が 1,000円、製品販売個数が 5,000個の企業で、仕入れ価格等の上昇前の変動費率30％、限界利益率70％の企業が仕入れ価格の値上げを受け入れた場合、どのように限界利益が変化していくかを見ていきます【図2-20】。

【図2-20】数字で見る限界利益がマイナスの状態

仕入価格上昇前

製品平均売価	1,000
製品販売個数	5,000
製品別売上高	5,000,000
製品別変動費率	30.00%
変動費	1,500,000
限界利益	3,500,000
限界利益率	70.00%

→ 仕入価格等上昇後b

製品平均売価	1,000
製品販売個数	5,000
製品別売上高	5,000,000
製品別変動費率	70.00%
変動費	3,500,000
限界利益	1,500,000
限界利益率	30.00%

→ 仕入価格等上昇後c

製品平均売価	1,000
製品販売個数	5,000
製品別売上高	5,000,000
製品別変動費率	110.00%
変動費	5,500,000
限界利益	-500,000
限界利益率	-10.00%

【図2-20】を見ると、仕入単価が上がることにより変動費率が上昇し、それに伴い限界利益率が低下することがわかります。

　仕入価格等の上昇により、限界利益率がマイナスに陥ったケースで、製品の販売個数が5,000個 ⇒ 10,000個に増えた（売上高が増えた）場合は【図2-21】のようになります。

　【図2-21】のケースでは、仕入単価が上昇した後に販売個数が増えた場合、【図2-20】と比べても限界利益が－500,000円から－1,000,000円に変化し、マイナス幅が大きく増えたことがわかります。

　これは極端な例ですが、仕入価格等の上昇トレンドのとき、製品別や顧客別に損益を点検してみると、意外にこのようなことが起こります。

【図2-21】仕入れ価格上昇後に販売個数が増えたときの
　　　　　 限界利益の変化

製品平均売価	1,000
製品販売個数	10,000
製品別売上高	10,000,000
製品別変動費率	110.00%
変動費	11,000,000
限界利益	−1,000,000
限界利益率	−10.00%

製品1個当たりの儲けがわかる製品別限界利益

　製品別限界利益とは、製品1個当たりの限界利益のことです。

　【図2-22】の場合、製品1個当たりの売価10,000円－製品1個当たりの変動費4,000円＝製品別限界利益6,000円という計算になります。

【図2-22】製品別限界利益の構造と計算式

製品別限界利益
＝製品1個当たりの売価－製品1個当たりの変動費

製品1個あたりの
売価
10,000円

製品1個当たりの
変動費
4,000円
｝原材料費、電気代、オイル代、
　外注費、配送費など

製品別
限界利益
6,000円

　製品別限界利益は、原材料費や外注費など1個当たりの単価が明確な費目は、その単価を製品1個当たりの売価から引いて算出します。

　その他の変動費項目については、期間変動費を期間製造個数で製品1個当たりの変動費を割り出し、製品別限界利益を算出します。

　期間変動費は、試算表や実績値をもとに、1カ月の間にかかった費用を参照するとよいでしょう。

【図2-23】製品１個当たりの変動費の計算例

製品1個当たりの変動費
＝製品1個当たりの原材料単価＋外注単価
＋期間その他変動費÷期間製造個数

＊たとえば、
・製品1個当たりの原材料単価　2,000円
・製品1個当たりの外注単価　1,000円
・1カ月間の期間その他変動費　4,000,000円
・1カ月間の製造個数　4,000個の場合、
以下のような計算になります。

　　製品1個当たりの原材料単価2,000円
　　＋外注単価1,000円
　　＋期間その他変動費4,000,000円
　　÷期間製造個数4,000個
　　＝製品1個当たりの変動費4,000円

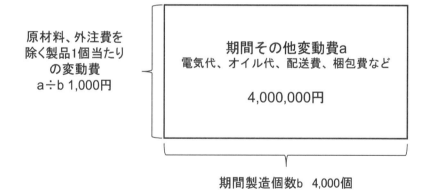

原材料、外注費を
除く製品1個当たり
の変動費
a÷b 1,000円

期間その他変動費a
電気代、オイル代、配送費、梱包費など

4,000,000円

期間製造個数b　4,000個

※原材料・外注単価がわからない場合、以下のように簡素化してもよい。

　製品１個当たりの変動費 ＝ 期間変動費 ÷ 期間製造個数

製品1個当たりの限界利益の内訳を
データ化しておく

　製品1個当たりの限界利益の中味をエクセルを使って、【図2-24】のように記録に残しておくとあらゆる場面で便利です。

【図2-24】期間その他変動費が4,000,000円だったときの製品例

製品Aの限界利益

原材料単価	2,000	a
外注単価	1,000	b
期間その他変動費	4,000,000	c
期間製造個数	4,000	d
製品A1個当たりのその他変動費	1,000	e=c÷d
製品A1個当たりの変動費合計	4,000	f=a+b+e
製品Aの売価	7,000	g
製品A1個当たりの限界利益	3,000	h=g−f
製品Aの限界利益率	42.86%	i=h÷g

　【図2-24】のケースでは、製品Aの1個当たりの限界利益が3,000円であることから、製品Aを1個販売すれば3,000円利益が得られることがわかります。

　またこのようにエクセルに記録を残しておくことで、仕入価格等が変動した際、利益にどのような影響が出るかがわかるようになります。

　たとえば仕入価格が上昇し、原材料単価が200円増加しました。

　期間製造個数は変わりませんが、配送費や電気代の上昇により、期間その他変動費が4,500,000円に増加した場合、製品Aの限界利益はどのように変わるでしょうか。

　変動のあったセルに費用を入力すると【図2-25】のようになります。

【図2-25】変動費が上昇したときの製品別限界利益の状態

製品Aの限界利益

原材料単価	2,200	a
外注単価	1,000	b
期間その他変動費	4,500,000	c
期間製造個数	4,000	d
製品A1個当たりのその他変動費	1,125	e=c÷d
製品A1個当たりの変動費合計	4,325	f=a+b+e
製品Aの売価	7,000	g
製品A1個当たりの限界利益	2,675	h=g−f
製品Aの限界利益率	38.21%	i=h÷g

　このように変動費が上昇すると、製品Aの1個当たりの限界利益は2,675円となり、上昇前と比べると製品Aの1個当たりの限界利益では325円減少してしまいます。

　この計算ができれば儲けが出ている製品、出ていない製品が見極められます。

　製品別限界利益が薄いと、当然ながら売っても売っても利益が残りませんし、マイナスの場合には売れば売るほど赤字となります。

なぜ限界利益が低いと
いけないのか

固定費負担が重くなる

　限界利益が低いという状態は、いわば自転車操業に近い状態です。

　固定費負担割合も大きくなり、余裕のある健全な経営とはほど遠い
状態にあることになります。

　限界利益率とは、売上高に占める限界利益の割合ですので、限界利
益が低ければ当然ながら限界利益率も小さくなります。

　限界利益率が低いというのは、変動費ばかりふくらんだ水ぶくれ体
質的な、慢性低収益企業もしくは赤字企業ということです。

　限界利益率の低い企業のままでは、文字どおり、「働けど働けどわ
が暮らし楽にならず」という経営状態を強いられることになります。

　これでは賃上げしたくても、その原資がありません。

　再び極端ですが、製品1個当たりの限界利益率が低い企業の例です
（【図2-26】）。

【図2-26】製品別限界利益率がひとケタのケース

製品Aの限界利益

原材料単価	4,000	a
外注単価	1,000	b
期間その他変動費	6,000,000	c
期間製造個数	4,000	d
製品A1個当たりのその他変動費	1,500	e=c÷d
製品A1個当たりの変動費合計	6,500	f=a+b+e
製品Aの売価	7,000	g
製品A1個当たりの限界利益	500	h=g-f
製品Aの限界利益率	7.14%	i=h÷g

　この場合、製品Aの限界利益率が7.14％となり、売価7,000円の製品Aを1個売っても、500円の儲けしか出ません。

　この限界利益から固定費を捻出するのですから、企業としては赤字は必至で、極めて危険な経営状態にあるとさえ言うことができます。

【図2-27】製品別限界利益率がマイナスに陥っているケース

製品Aの限界利益

原材料単価	4,000	a
外注単価	2,000	b
期間その他変動費	8,000,000	c
期間製造個数	4,000	d
製品A1個当たりのその他変動費	2,000	e=c÷d
製品A1個当たりの変動費合計	8,000	f=a+b+e
製品Aの売価	7,000	g
製品A1個当たりの限界利益	−1,000	h=g−f
製品Aの限界利益率	−14.29%	i=h÷g

【図2-27】のケースでは、製品Aの限界利益は−1,000円となり販売個数×1,000円のレートで損失が出続けています。

薄利多売の営業戦略をとっている企業の場合は、このような事態に陥らないよう特に注意が必要です。

仕入価格等が上昇したにもかかわらず、価格転嫁ができていない場合、製品別に見ると上記ケースほどではないにせよ、限界利益が赤字に陥っているケースはけっして少なくありません。

また【図2-28】のように、製品別に限界利益・限界利益率の比較表を作っておくと製品別の儲けが比較できます。

【図2-28】製品別の限界利益比較表

	製品Ａ	製品Ｂ	製品Ｃ
製品平均売価	7,000	5,000	6,000
1個当たりの限界利益	3,000	1,000	−500
製品別限界利益率	42.86%	20.00%	−8.33%

　【図2-28】のような場合、製品Ｂは製品Ａと比べて薄利、製品Ｃに至っては赤字の状況がわかります。

　この場合、製品別限界利益で見た値上げ交渉の優先順位は、限界利益率が低い製品Ｃ＞製品Ｂ＞製品Ａの順番になります。

　とはいえ製品別に限界利益・限界利益率の算出が難しいというケースもあります。

　多品種の製品を製造している企業の場合、製品別に変動費率、限界利益率の算出が困難で手間のかかる場合が多いので、そういう場合では製品グループごとに限界利益・限界利益率を算出する簡易手法をとることもあります。

顧客別の儲けがわかる顧客別限界利益で値上げ交渉先の優先度を判断する

顧客別限界利益を算出

続いて、顧客別の限界利益の算出方法を解説します。

顧客別限界利益は、製品別限界利益を応用します。

顧客Rに製品A、製品B、製品Cを製造・販売している場合、顧客別限界利益の算出は、以下のような計算式になります。

顧客Rの限界利益
＝製品Aの限界利益×販売個数＋
　製品Bの限界利益×販売個数＋
　製品Cの限界利益×販売個数

たとえば、

・製品A1個当たりの限界利益が3,000円、販売個数が2,000個
・製品B1個当たりの限界利益が1,000円、販売個数が10,000個
・製品C1個当たりの限界利益が2,000円、販売個数が1,000個
の場合、顧客Rの顧客別限界利益は、18,000,000円となります。

【図2-29】顧客Rの限界利益

顧客Rの限界利益

製品A	1個当たりの限界利益	3,000	a
	販売個数	2,000	b
製品B	1個当たりの限界利益	1,000	c
	販売個数	10,000	d
製品C	1個当たりの限界利益	2,000	e
	販売個数	1,000	f
顧客Rの限界利益		18,000,000	g=(a×b)+(c×d)+(e×f)
顧客Rの売上高		45,000,000	h
顧客Rの限界利益率		40.00%	i=g÷h

【図2-29】の顧客Rの顧客別売上高から、顧客別限界利益率を算出することができます。

　　顧客Rの限界利益率
　　＝顧客Rの限界利益÷顧客Rの売上高

顧客Rの売上高が45,000,000円だった場合、

　顧客Rの限界利益18,000,000円
　÷顧客Rの売上高45,000,000円
　＝顧客Rの限界利益率は40%

となります。

　このように、限界利益や限界利益率を顧客ごとに比較することで、儲けが出ている顧客、出ていない顧客を見極めることができます。

たとえば【図2-30】のように、顧客Rの限界利益率は40％、顧客Sの限界利益率は8.33％、顧客Tの限界利益率は－15％というケースの場合、顧客Sは顧客Rと比べると売上高は大きいものの、限界利益率が極端に低いことがわかります。

　また顧客Tに至っては、限界利益がマイナスの状態です。

　他の顧客と比べて限界利益率が低い顧客は、単純に利幅が少ない顧客であり、特に限界利益がマイナスとなっている場合は、売れば売るほど損失が膨らみます。

　こういう場合値上げ交渉の優先順位は、限界利益率が低い順に顧客T＞顧客S＞顧客Rであることがわかります。

【図2-30】顧客別の限界利益比較表

	顧客R	顧客S	顧客T
売上高	45,000,000	60,000,000	20,000,000
限界利益	18,000,000	5,000,000	-3,000,000
顧客別限界利益率	40.00%	8.33%	-15.00%

限界利益でわかる値上げ緊急度の高い製品と顧客

　ここまで見てきてわかるとおり製品別、顧客別の限界利益を算出し、比較を行うことで値上げ緊急度の高い製品、顧客が明確になります。

　限界利益から見た値上げ緊急度の高い製品、顧客とは、

①現在、限界利益がマイナス、もしくは低水準である製品や顧客

②原材料費や運送コストの上昇により、
　今後限界利益がマイナスもしくは低水準になると予想される
　製品や顧客

ということになります。

　気になる適正価格設定の方法については、CHAPTER Ⅳで解説します。

　値上げ交渉の前に新たな価格設定、限界利益をシミュレーションすることで、どの程度利益が増えるか予想することができますし、また仕入価格が上昇した場合でも、上昇前の利益水準を維持するにはどの程度の値上げが必要かもわかるようになります。

本当に値上げできるのか？

製品・顧客別に値上げ難易度の見当をつける方法

パターン別に見る
製品別・顧客別の値上げ交渉の
方針決定方法

値上げ交渉は常に相手のあること

　限界利益を用いることで、値上げ緊急度が高い製品・顧客はわかるようになりましたが、これはあくまでも一方的な社内の事情です。

　限界利益が低水準もしくはマイナスであったとしても、自社製品の値上げを得意先が受け入れてくれるとは限りません。

　ここから自社製品の優位性と自社と得意先の関係性を見ながら、製品別と顧客別に値上げ交渉の段取りを見極めていきます。

　パターン別に分析し、そのパターン別に値上げ交渉成立の可能性が高い製品・顧客の見極め方、また値上げ交渉成立の可能性の低い難しい製品・顧客を解説していきます。

パターン別　値上げ成立の可能性が高い製品

　まず値上げ成立の可能性が高い製品の、見極め方から見ていきたいと思います。【図3-1】をご覧ください。

【図3-1】製品値上げの見通しマトリックス

製品別限界利益	マイナスor 低水準		高水準	
製品の優位性	あり	なし	あり	なし
値上げ交渉成立の可能性	1	3	2	4
製品別パターン	①	②	③	④

※値上げ交渉成立の可能性は、1が高く4が低い。

製品別パターン①

製品別限界利益がマイナスまたは低水準で
かつ製品に優位性がある場合

　限界利益の低い製品は、競合他社よりも低い価格設定になっている、もしくは競合他社も同様の状態に陥っていることが想定されます。

　すでに競合他社も値上げの要請をしている可能性が、高いと見るべきです。

　自社製品が競合他社よりも高い優位性を持っている場合は、値上げ交渉成立の可能性は高いでしょう。

　このようなケースでは、すぐに値上げ交渉の準備を進めてください。

製品別限界利益がマイナスまたは低水準で
かつ製品に優位性がない場合

　製品別限界利益がマイナスもしくは低水準であっても、競合他社が多く自社製品に優位性がない場合は、値上げ交渉成立の可能性は低くなります。ただ、前述したように競合他社よりも価格設定が低くなっている、もしくは競合他社も値上げを模索している可能性がある場合、値上げ交渉の余地はあります。

　得意先と良好な関係性が築けているならば、得意先に競合他社の製品価格動向に探りを入れてから、交渉に臨んでもよいでしょう。

　このパターン②で値上げ交渉が成立しなかった場合、売れば売るほど赤字が膨らむ可能性があるため、製品の製造中止や変動費率の引き下げ努力なども考えておきましょう。

　なお同製品の採算を度外視することで、他製品の販売促進に貢献し、顧客別の限界利益が確保できている場合は、その限りではありません。

製品別限界利益が高水準で
かつ製品に優位性がある場合

　製品別限界利益が高水準の製品で、かつ競合が少なく自社製品に優位性がある場合は、得意先が値上げを受け入れざるを得ない強い理由があることになります。

　したがって値上げによる、さらなる利益確保の余地があります。

　得意先との関係性や、得意先の製造製品の収支状況等の情報収集・分析をした上で、交渉にチャレンジするべきです。

製品別パターン④

製品別限界利益が高水準で
かつ製品に優位性がない場合

　製品別限界利益が高水準の製品で、かつ競合が多く自社製品に優位性がない場合、残念ながら値上げの交渉が成立する余地はないと見てよいでしょう。

　むしろ相応の理由がなければ、状況次第で得意先から取引解消、値引き交渉を持ち掛けられる可能性が高い場合もある製品ですので、得意先との関係性を良好にする努力を注ぐべきです。

　製品別の値上げ交渉パターンをまとめたのが、【図3-2】（p88）です。

【図3-2】製品別パターンの対応方針まとめ

製品別限界利益	マイナスor低水準	
製品の優位性	あり	なし
値上げ交渉成立の可能性	1	3
製品別パターン	①	②
対応方針	・即値上げ交渉準備	・製品価格相場、競合他社の価格注視 ・値上げ交渉不成立の場合、変動費率の引き下げ努力or製造中止

製品別限界利益	高水準	
製品の優位性	あり	なし
値上げ交渉成立の可能性	2	4
製品別パターン	③	④
対応方針	・得意先との関係性維持を意識しながら、さらなる利益確保のため、値上げ交渉	・値上げ交渉対象外 ・得意先からの取引解消、値下げ交渉警戒 ・さらなる得意先との関係性良好化に取り組む

※値上げ交渉成立の可能性は、1が高く4が低い。

パターン別　値上げ交渉成立の高い顧客

　製品別のパターンに顧客への交渉難易度を加味し、分類したものが【図3-3】です。

【図3-3】パターン別値上げ交渉成立の可能性

製品別限界利益	マイナスor低水準				高水準			
製品の優位性	あり		なし		あり		なし	
顧客別交渉難易度	低	高	低	高	低	高	低	高
値上げ交渉成立の可能性	1	3	4	6	2	5	7	8
顧客別パターン	①	②	③	④	⑤	⑥	⑦	⑧

※値上げ交渉成立の可能性は、1が高く8が低い。

　交渉難易度が高い得意先とは、以下のような相手です。

□自社が得意先との間で良好な関係性を築けていない

　得意先との定期的な訪問がなく、普段は電話、FAX、メールでやり取りを完結しており、得意先との接点が少ないケースです。接点があまりないまま値上げ交渉を持ち掛けると、どれだけ製品に優位性があろうと、何かのきっかけで取引の解消につながりかねません。

　値上げ交渉成立の可能性が高くても、強気な交渉は控え、交渉前に得意先担当者と数回面談の機会を作るべきです。

□得意先の仕入価格決裁権限者がわからない

得意先の購買担当者に決裁権限がない場合は、得意先の社内決裁プロセスを待つ必要があるため、交渉が長期化する可能性があります。

販売製品の限界利益率がマイナスまたは低水準で、かつ製品に優位性があったとしても、正しい情報が得意先の決裁権限者に伝わらず交渉が停滞、難航することもあります。

特に得意先が中堅企業、大企業の場合では、このケースに当てはまる傾向があるようです。

得意先の購買担当者が上位者に説明できないために、値上げ交渉打診の情報が長期間担当者のところで停滞したままで、交渉が一向に進まないということも起こり得ます。

こうした企業を相手にするときは、得意先の購買担当者が上位者に説明しやすいよう、値上げの背景や根拠を示す資料の作成は必須です。

それでもなかなか回答が得られない場合は、得意先の決裁権限者に説明の機会を求める、自社の営業担当者任せにせず社長や担当役員による交渉を持ち掛けるなど、踏み込んだ手段を試す必要が出てきます。

では続いて、パターン別に見ていきましょう。

顧客別パターン①

製品別限界利益がマイナスまたは低水準で、
かつ製品の優位性があり交渉難易度が低い相手の対処法

　パターン①は値上げ交渉成立の可能性が最も高く、自社にとっても交渉優先順位が高い得意先です。

　すぐに交渉をはじめてください。

　値上げの背景や根拠を示す説明資料を準備しなくても、交渉が成立する可能性があります。

　あまり手間をかけずにすぐに動いてよいでしょう。

顧客別パターン②

製品別限界利益がマイナスまたは低水準で、
かつ製品の優位性があり交渉難易度が高い相手の対処法

　値上げ交渉に時間を要することが多いものの、値上げ交渉が成立する可能性が比較的高いパターンです。

　時間のかかることを想定して、値上げの背景や根拠を示す説明資料を作成し、得意先担当者との交渉前の面談機会を作るなど、すぐに値上げ交渉の準備にとりかかってください。

製品別限界利益がマイナスまたは低水準で、
かつ製品の優位性がなく交渉難易度が低い相手の対処法

状況により対応が分かれます。

また、製品の価格相場や競合他社の価格動向のリサーチを行う必要も出てきます。

＊状況1

競合他社よりも自社の価格が低い価格設定となっている場合

　➡すぐに交渉をはじめてください。

　　値上げの背景や根拠を示す資料を準備しなくても、値上げ交渉が成立する可能性が高いパターンです。

＊状況2

競合他社も自社と同等の価格設定となっている場合

　➡得意先との関係性が良好であったとしても、
　　競合他社も同様に値上げ交渉準備を行っていることが
　　予想されます。

　　競合他社が先に交渉を行っている場合は、交渉結果を待った後に動いてもよいでしょう。

　　競合他社の値上げがとおれば、自社も同様に値上げがとおる可能性があります。

　　また、競合他社に先駆けて交渉を行う場合は、得意先との良好な関係性を築けていたとしても、十分な説明資料を準備した上で値上げ交渉に臨むことを心がけるべきです。

顧客別パターン④

製品別限界利益がマイナスまたは低水準で、かつ製品の優位性がなく交渉難易度が高い相手の対処法

値上げ交渉が成立する可能性が低いパターンです。

交渉に手間も時間もかかる割には、値上げ交渉が成功したとしても、大きく利幅を改善することは難しく、原則値上げ交渉の対象外としてもよい相手だと思います。

しかし、このパターンの得意先は以下のように条件次第で、対応はやや異なってきます。

＊状況１

製品単体のみの販売で限界利益がマイナスの場合

取引自体が赤字要因となります。取引解消を検討しましょう。

ただし、同製品の採算を度外視することで、他製品の販売ができ、顧客別の限界利益が確保できている場合は、その限りではありません。

＊状況２

製品単体のみの販売で限界利益が低水準の場合

取引を継続しても多少の利益は残りますので、変動費率を引き下げる、営業の手間や固定費を極力抑えるなど、値上げ以外の利益確保の方法を検討しましょう。

＊状況３

複数の自社製品を納入している顧客である場合

　　値上げ交渉ではなく、限界利益ミックスによる顧客別限界利
益率を、高める交渉を試みるべきです。

　　交渉に時間と手間をかけても、顧客別限界利益が大きく改善
する可能性があります。

限界利益ミックスとは

　限界利益率の高い製品と低い製品をうまく組み合わせた製品
構成により、最終的に一定額の限界利益を確保するという販
売戦略です。

　限界利益が、マイナスまたは低水準であることを得意先に説明した
上で、限界利益を確保できる他の製品の納入数量を増やしてもらうよ
う交渉を行います。

〈ミックス交渉の手順〉

　具体例を見てみましょう。

　顧客Rに販売する製品Aは、限界利益がマイナスであり、売れば売
るほど損失が膨らむ製品です。

　顧客Rには限界利益が高水準の製品B・Cも納入しています。ただ
し製品Aに比べ製品B・Cの販売数量が少ないため、顧客別限界利益
率は低水準となっています。

　【図3-4】が限界利益ミックス交渉前の損益状況です。

【図3-4】限界利益ミックス交渉前の売上高

	製品A	製品B	製品C	合計
製品売価	3,000	5,000	6,000	
1個当たり限界利益	−300	2,000	3,000	
限界利益率	−10.00%	40.00%	50.00%	
販売数量	10,000	5,000	1,000	
売上高	30,000,000	25,000,000	6,000,000	61,000,000
限界利益合計	−3,000,000	10,000,000	3,000,000	10,000,000

顧客Rの限界利益率　　16.39%

　顧客Rに対して、製品Aを採算度外視で納入していることを説明した上で、製品B・Cの販売数量を増やしてもらうよう交渉を持ち掛けました。

　限界利益ミックスの交渉が成功し、仮に製品B・Cの販売個数が2倍に増えた場合は、交渉前の顧客Rの限界利益率は16.39%から交渉後の顧客Rの限界利益率25%へ上昇します。

【図3-5】限界利益ミックス交渉後の売上高

	製品A	製品B	製品C	合計
製品売価	3,000	5,000	6,000	
1個当たり限界利益	−300	2,000	3,000	
限界利益率	−10.00%	40.00%	50.00%	
販売数量	10,000	10,000	2,000	
売上高	30,000,000	50,000,000	12,000,000	92,000,000
限界利益合計	−3,000,000	20,000,000	6,000,000	23,000,000

顧客Rの限界利益率　　25.00%

　交渉前と交渉後の合計に注目すると、売上高では61,000,000円から92,000,000円に、限界利益の合計は10,000,000円から23,000,000円に増額しています。

製品Aは限界利益−3,000,000円のままですが、顧客別限界利益の全体の上昇によって、十分リカバリーできたことになります。

　このように、製品単体で見たときには限界利益率がマイナスで、同製品に値上げ交渉余地がなかったとしても、トータルで顧客別限界利益率上昇につなげられる可能性があります。

顧客別パターン⑤

製品別限界利益が高水準で、かつ製品の優位性があり交渉難易度が低い相手の対処法

　パターン⑤では得意先に値上げ交渉に応じる相応の理由があるので、交渉成立の可能性は高いといえます。

　ただし、すでに自社製品の限界利益が高水準であることから、値上げにより必要以上に、得意先の収支を圧迫する可能性もあります。

　得意先が製造する製品の採算が取れなくなった場合、製造中止となることも想定されます。そうなれば、取引自体がなくなってしまいますので、自社製品に優位性があったとしても、得意先の製品収支等の状況を確認した上で、慎重な姿勢で値上げ交渉に臨む必要があります。

製品別限界利益が高水準で、
かつ製品の優位性があり交渉難易度が高い相手の対処法

　パターン⑥は自社製品に優位性があったとしても、決裁権限者に当社との取引するメリットが十分に伝わっていないことがあり、一方的な値上げ告知は、得意先の心証を大きく損なう可能性が高いといえます。

　得意先の心証を悪化させると、今はよくても技術革新により、代替製品が出てきた場合などをきっかけに、取引がなくなる可能性があります。

　一方的な強気の値上げ交渉は控え、得意先との関係構築に十分配慮した上で、値上げ交渉を進めていくことが望ましい姿勢です。

製品別限界利益が高水準で、
かつ製品の優位性がなく交渉難易度が低い相手の対処法

　パターン⑦は得意先との関係性が良好で交渉難易度が低くても、値上げ交渉の対象外としたほうがよい相手です。

　値上げ交渉は、やぶ蛇になる恐れがあります。

　現状維持を優先するべき上得意先ですが、競合先の動向には注意が必要です。

　製品価格相場を壊すような相場クラッシャーが現れた場合、競合先に乗り換えられる、または得意先から値下げ交渉を持ち掛けられることがあります。

　良好な関係性を維持するだけではなく、先方の担当者と面談する際には仕入状況の情報収集を行い、取引の動向を注視するよう指示しておくことが必要です。

製品別限界利益が高水準で、
かつ製品の優位性がなく交渉難易度が高い相手の対処法

　パターン⑧はパターン⑦以上に、得意先の取引状況を警戒する必要があります。

　限界利益が高水準を確保できている得意先から相談もなく、「来月から取引解消」と、宣告されることも想定しておかないといけません。

　値上げ交渉は対象外とし、まず得意先との良好な関係構築に尽力することが重要です。

パターン別　対応方針のまとめ

　ここまでパターン別の対応方針を解説してきましたが、一歩対応を誤れば、長年にわたり限界利益を高水準で確保できている得意先といえども、急に取引解消、他社への乗り換えを宣告されることもあります。

　仕入価格等の上昇時には、値上げ交渉を焦って進めたい気持ちもわかりますが、パターン別に対応方針を十分検討してから行動に移すことが、後顧の憂いを断つ上でも大切です。

　パターンを見極めずに「今期の方針は値上げだ」と息を巻いて、全顧客に対して、相手かまわず値上げ交渉を持ち掛けることは、逆に利益を縮小させるリスクのあることですから、厳に慎まなければいけません。

【図3-6】パターン別8つの対応方針

製品別 限界利益	マイナスor低水準			
製品の 優位性	あり		なし	
顧客別 交渉難易度	低	高	低	高
値上げ交渉 成立の可能性	1	3	4	6
顧客別 パターン	①	②	③	④
対応方針	・すぐに値上げ交渉を始めましょう	・資料作成、顧客と接点作りなど、値上げ交渉の準備を早急にはじめましょう	・まずは製品の価格相場、競合他社の価格動向をリサーチしましょう	・取引解消、限界利益ミックスなどの対策により値上げ以外の利益確保の方法を模索しましょう

製品別 限界利益	高水準			
製品の 優位性	あり		なし	
顧客別 交渉難易度	低	高	低	高
値上げ交渉 成立の可能性	2	5	7	8
顧客別 パターン	⑤	⑥	⑦	⑧
対応方針	・得意先の採算情報を確認した上で、値上げ交渉に臨みましょう	・一方的な強気の値上げ交渉は控えましょう ・段取りを踏んだ上で、ていねいで誠実な交渉を	・得意先からの値下げ交渉警戒	・得意先からの取引解消警戒

※値上げ交渉成立の可能性は、1が高く8が低い。

放置できないお客はどこか？
顧客別限界利益の水準で
値上げ交渉の緊急度を判別する

問答無用で値上げが必要なとき

　値上げ交渉が成功するか否かの可能性を差し置いても、自社にとって緊急に交渉を要請しなければならないことも起こります。

　この緊急性の判断も、限界利益の動きで見ていきます。

　では、そのような緊急事態とは、どのような状況を指すのでしょうか。そこから確認していきましょう。

　今日、急激な円安や資源価格の高騰など社会的な変化によって、取引状況が大きく変わることがあります。

　先月まで黒字だった製品が、突然赤字に陥ることもあります。

　こうした事態に遭遇したときには、値上げ交渉の趨勢は度外視して、値上げの申請に踏み切らざるを得ないことがあります。

　仕入れの高騰で、売れば売るほど赤字が膨らむというような状況は、経営の危機に他なりません。

　こういうときには値上げの可能性の有無にかかわらず、緊急に値上げ交渉に入る必要が生じます。

　とはいえ、徒に周章狼狽したところで何も解決しませんし、前述したとおり見境なく値上げ申請すれば、その反動は少なくありません。

　緊急事態といえども、十分な見極めが企業の死命を制します。

ここでは顧客別に、値上げの緊急度を判別する手法について解説を行います。

　同じように、パターン別に見ていきましょう。

【図3-7】顧客別値上げ交渉の緊急度

販売製品	顧客に**製品単体**を 販売しているケース		顧客に製品を**複数種** 販売しているケース	
顧客別 限界利益	マイナス or低水準	高水準	マイナス or低水準	高水準
値上げ交渉 優先度	1	3	2	3
緊急度 パターン	①	②	③	④

※値上げ交渉優先度は、1が高く3が低い。

緊急度パターン①

顧客に製品単体を販売しており
限界利益がマイナスまたは低水準はシグナルレッド

　値上げ交渉を、最優先でしなければなりません。早急に対策を打たないと損失が膨らむ場合があります。

　たとえ値上げ交渉が難航したとしても、限界利益確保のための手立てを以下の順番で急ぎ進める必要があります。

　顧客別限界利益が低水準の場合、手間がかかり販売するだけで損失が出る可能性があります。

緊急度パターン②

顧客に製品単体を販売しており
限界利益が高水準はシグナルグリーン

　値上げ交渉の優先度は低く、緊急対応の相手ではありません。

　顧客との関係性を優先するとともに、限界利益ミックス提案により、さらに限界利益の水準を高めることも、同時に検討してよいかもしれません。

＊緊急度パターン①の交渉の流れ

①まず得意先に事情を説明した上で、

製品単体での値上げ交渉を行います。

↓

②値上げ交渉が難航した場合は以下の手段を模索します。

——限界利益ミックスの販売を提案

製品単体で限界利益がとれていない場合でも、限界利益が高水準で確保できる他製品を合わせて販売する限界利益ミックス販売により、顧客別限界利益を確保できる可能性があります。

値上げ交渉が難航した場合は、複数製品による限界利益ミックス提案を行いましょう。

↓

③限界利益ミックス交渉が難航した場合

——４Ｍ（原材料、製造工程など）変更交渉

値上げ、限界利益ミックスの提案が受け入れられなかった場合は、少しでも限界利益が残るよう原材料の見直しや作業工程の簡素化など、製造にかかるコストの低減を打診し、赤字回避を試みます。

↓

④４Ｍ変更交渉が難航した場合

——取引解消

各段階で交渉が難航した場合は、

取引を解消する決断も視野に入れておくべきです。

顧客に複数種の製品を販売しており
限界利益がマイナスまたは低水準はシグナルイエロー

　値上げ交渉の優先順位が高い得意先です。

　値上げ交渉が難航したとしても、限界利益ミックスの提案は比較的
しやすい相手なので以下の順番で交渉を行います。

＊緊急度パターン③の値上げ交渉の流れ

　①まず交渉による製品単体での、限界利益確保を目指します。

　②値上げ交渉が難航した場合

　　限界利益が高水準の製品の販売個数増加を交渉

　　すでに複数種の製品を販売していることから、製品単体で
　　販売しているケースよりも限界利益ミックスの交渉はやり
　　やすいはずです。

　　採算度外視の製品を販売していることを、ていねいに説明
　　した上で、トータルで顧客別限界利益確保に舵を切ります。

　③①・②の交渉が難航した場合

　　パターン①同様４Ｍ変更交渉、取引解消の順番で交渉を進
　　めることになります。

緊急度パターン④

顧客に複数種の製品を販売しており
限界利益が高水準はシグナルグリーン

　値上げ交渉の緊急度は低いので、顧客との関係性を優先しましょう。限界利益ミックスを提案することにより、さらに限界利益の水準を高めることも検討してよい相手です。

CHAPTER IV

いくら値上げすればよいのか？

製品ごとの適正価格の設定方法

製品別、顧客別希望限界利益から逆算する 新製品価格の算出

適正な値上げ額を懐に入れておく

　CHAPTER Ⅳでは値上げするときの適正価格の設定方法について、考えていきます。

　ここでいう適正価格とは、あくまでもコスト面から見た価格です。

　したがって得意先との交渉や製品の価格相場次第で、価格が動く可能性はありますが、まず自社の事情において製品ごとの適正価格がいくらなのかということを把握しましょう。

目標販売価格と最低妥結価格

　適正価格を設定する際には価格を二種類設定します。

　ひとつは目標販売価格で、もうひとつが最低妥結価格です。

　目標販売価格とは、自社製品のコスト・利益事情から見た製品の理想の販売価格です。

　最低妥結価格とは、これ以下では採算が合わない利益を確保する上での最低ラインのことを言います。

【図4-1】値上げ交渉は最低妥結価格と目標販売価格の間で

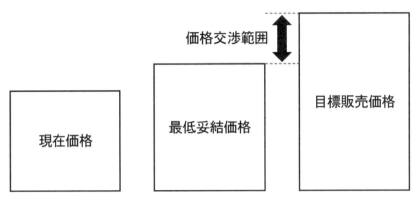

　値上げ交渉では、自社の事情で設定した理想どおりの価格に、落ち着くとは限りません。そのため最低限ここまでは値上げしたいというラインとなる、最低妥結価格を同時に設定します。

　値上げ交渉は、最低妥結価格と目標販売価格の間の勝負ということになります。

109

製品別の適正価格

　ここまで何度も限界利益の考え方を用いてきましたが、適正価格の設定に際しても、限界利益の考え方を用います。

　まず、製品別の限界利益の算出方法を、もう少し詳しく見ていきましょう。

　シンプルに考えるため、製品aを1種類だけ製造している場合の、限界利益の算出方法を説明します。

　【図4-2】では、製品aの変動費は材料費と燃料費に分かれており、それぞれ材料費が5,000,000円、燃料費が200,000円計上されています。
　変動費は合計で5,200,000円となります。
　期間製造個数が1,000個ですので製品a 1個当たりの変動費は、変動費5,200,000円÷期間製造個数1000個＝5,200円となります。

　製品aの販売価格が10,000円ですので、製品aの変動費率は、
　変動費5,200円÷販売価格10,000円＝52％

　製品aの限界利益は、
　販売価格10,000円－変動費5,200円＝4,800円

　製品aの限界利益率は、
　限界利益4,800円÷販売価格10,000円＝48％

　と算出されます。

【図4-2】製品1種類製造の場合の限界利益

製品a （単位：円）

期間製造個数		1,000
変動費		5,200,000
内訳	材料費	5,000,000
	燃料費	200,000
1個当たりの変動費		5,200
販売価格		10,000
（変動費率）		52.00%
限界利益		4,800
（限界利益率）		48.00%

　製品が1種類の場合は、このような計算で限界利益を算出できますが、複数の製品を製造している場合、少し複雑になってきます。

製品を複数製造している場合の限界利益

　製品を複数製造していたとしても、製品ごとの材料費については、原則それぞれ製品ごとに分けることは可能です。しかし、燃料費が製品それぞれにかかっているときは、その分け方を考えなければなりません。

　燃料費のようにコストを明確に分けられない場合、【図4-3】のような一工夫が必要になってきます。

【図4-3】 燃料費の分け方の概念図

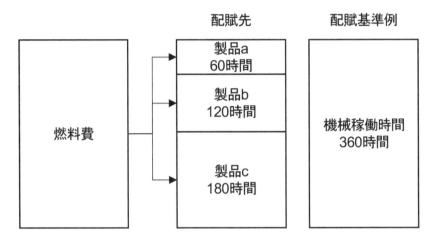

では、製品a・b・cの3種類を製造している場合を、見ていきましょう。

まず費用を製品ごとに分けることを、配賦と言います。

ここでは製品a・b・cにそれぞれ燃料費がかかっているため、配賦基準を設けます。

燃料費は主に機械の稼働時間によって、左右されるものになりますので、ここでは機械の稼働時間を配賦基準として考えていきます。

月間で360時間、機械は稼働しています。

そのうち製品aを製造するために60時間、製品bに120時間、製品cに180時間機械を稼働させていた場合、それぞれ機械が稼働した時間を基準にして燃料費を配賦していきます。

仮に燃料費の月次合計が1,200,000円だとすると、次のように製品ごとに配賦されます。

＊製品aの燃料費

燃料費合計1,200,000円×製品a機械稼働時間60時間÷
機械稼働時間合計360時間＝200,000円

製品b、製品 cの燃料費も同様の計算で算出されます。

【図4-4】製品a・b・cそれぞれの燃料費

燃料費合計	1,200,000
機械稼働時間合計 （時間）	360

（単位：円）

製品a

期間製造個数	1,000
機械稼働時間 （時間）	60
変動費	5,200,000
内訳 材料費	5,000,000
内訳 配賦燃料費	200,000
1個当たりの 変動費	5,200
販売価格	10,000
（変動費率）	52.0%
限界利益	4,800
（限界利益率）	48.0%

製品b

期間製造個数	1,300
機械稼働時間 （時間）	120
変動費	5,400,000
内訳 材料費	5,000,000
内訳 配賦燃料費	400,000
1個当たりの 変動費	4,154
販売価格	10,000
（変動費率）	41.5%
限界利益	5,846
（限界利益率）	58.5%

製品c

期間製造個数	1,000
機械稼働時間 （時間）	180
変動費	5,600,000
内訳 材料費	5,000,000
内訳 配賦燃料費	600,000
1個当たりの 変動費	5,600
販売価格	10,000
（変動費率）	56.0%
限界利益	4,400
（限界利益率）	44.0%

　ここでは、燃料費を取り上げましたが、その他にも梱包費や消耗品費、水道光熱費なども配賦の対象となりますので、それぞれ配賦基準を設定した上で製品ごとに配賦を行っていきます。

　さらに製品ごとの作業時間、作業人数がわかれば固定費も明らかになるので、製品ごとの営業利益をつかむこともできます。

業種別の平均限界利益率の指標

　ここまで、製品の限界利益の算出方法の確認を行ってきました。

　しかし、「自社にとっての限界利益の適正値がいくらなのか」と、基準値に迷われるかたも、いらっしゃると思います。

　そこで業種別の平均限界利益率を、調べる方法を紹介します。

　自社製品の限界利益率の高低の参考指標として、捉えていただければよいかと思います。

　Googleなどの検索サイトで「TKC経営指標（スペース）速報版（スペース）製造業」と検索します。

【図4-5】業界別の平均限界利益を調べる方法

　ここでは製造業の中でも、細かく分類された業種別の平均限界利益率を確認することができます。随時更新されていますので、そちらで確認していただくのがよろしいかと思います。

【図4-6】業種別平均限界利益率の指標

業種名	限界利益率 （%）	売上高 経常利益率 （%）	一人当たり 限界利益 （千円）	平均 従業員数
他に分類されない鉄鋼業	45.8	4.5	8,532	17.0
電気めっき業（表面処理鋼材製造業）	58.3	5.8	9,480	34.2
その他のパン・菓子製造業	52.6	4.6	9,251	38.6
建築用金属製品製造業	44.6	6.6	11,839	23.8
他に分類されないはん用機械・装置	48.7	7.5	9,745	18.1
その他の金属表面処理業	75.9	13.0	10,120	14.5
紙器製造業	47.3	5.7	13,897	16.8
一般製材業	35.5	8.2	10,849	17.9
配電盤・電力制御装置製造業	49.7	7.3	7,290	29.0
生コンクリート製造業	39.0	6.3	12,141	16.3
金属製品塗装業	69.4	12.5	9,312	19.0
コンクリート製品製造業	40.6	7.5	9,652	23.4
金属プレス製品製造業	45.4	7.8	8,987	27.0
他の生産用機械・同部分品製造業	47.1	7.5	8,807	19.3
工業用ゴム製品製造業	50.6	8.7	7,726	33.1
他に分類されない金属製品製造業	44.0	8.0	9,228	18.6
ボルト・ナット・リベット・木ねじ	45.3	4.8	9,320	16.2
金属工作・加工機械用部分品・附属	55.9	9.0	9,302	15.2
食品機械・同装置製造業	43.5	7.3	10,899	34.7
金属加工機械製造業（金属工作機械）	43.7	9.6	12,377	19.9
工業用プラスチック製品加工業	56.1	5.6	8,083	21.7
段ボール箱製造業	34.8	4.5	7,466	26.4
機械工具製造業（粉末や金を除く）	54.3	5.2	7,462	22.0
その他の工業用プラスチック製品製造業	41.4	7.2	9,707	27.5

『TKC経営指標』速報版（製造業）（令和5年3月決算〜令和5年5月決算）

適正価格の設定方法
適正価格設定の２つのパターン

利益回復か経営改善か

　製品別限界利益の考え方をベースにして、ここからは適正価格の設定方法をご紹介していきます。

　価格設定を随時見直しする場合は①の方法を用い、抜本的な経営改善を行う場合は②の方法を選択します。

①　製造コスト上昇分を価格へ転嫁する場合の適正価格の設定方法
　　ⅰ）変動費上昇分を価格転嫁
　　　　原材料費や燃料費等の上昇時には
　　　　変動費上昇分の価格転嫁を検討。
　　ⅱ）固定費上昇分を価格転嫁
　　　　賃上げ等固定費の上昇時には
　　　　こちらの方法で価格転嫁を検討。
② 「業種別平均限界利益率」等の指標を目標指標とする場合の
　　適正価格の設定方法

【図4-7】適正価格の設定方法フロー

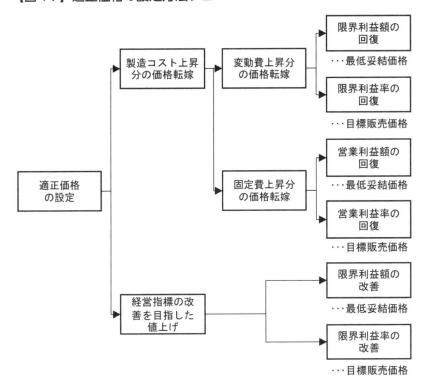

製造コスト上昇分を価格転嫁する場合の
適正価格の設定方法

その1　変動費の価格転嫁

　原材料費や燃料費等の変動費が上昇した場合の、価格転嫁の方法を考えていきます。

　段取りとしては以下のステップを踏むことになります。

【図4-8】変動費上昇分を価格転嫁する手順

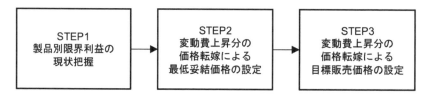

〈STEP1　製品別限界利益の現状把握〉

　事例を見ていきます。

　こちらは変動費上昇前の製品aの変動損益の状況です。

【図4-9】変動費上昇前の状況

製品a　　　　　　　　　　　　　　　（単位：円）

販売価格	10,000
変動費	5,000
（変動費率）	50.0%
限界利益	5,000
（限界利益率）	50.0%

月次損益

販売個数	1,000
売上高	10,000,000
変動費	5,000,000
限界利益	5,000,000

　製品a 1個当たりの販売価格10,000円、変動費が5,000円、限界利益が5,000円、限界利益率が50％です。

　円安等の影響により変動費が上昇し、その結果として限界利益は次のように減少しました。

【図4-10】 変動費上昇後の状況

製品a (単位：円)

販売価格	10,000
変動費	5,250
（変動費率）	52.5%
限界利益	4,750
（限界利益率）	47.5%

月次損益

販売個数	1,000
売上高	10,000,000
変動費	5,250,000
限界利益	4,750,000

製品a1個当たりの変動費が250円上昇し、5,250円となりました。

変動費の上昇により、製品a1個当たりの限界利益が4,750円、限界利益率が47.5%に減少しました。

この場合の、最低妥結価格と目標販売価格を考えていきます。

〈STEP2　変動費の価格転嫁　〜最低妥結価格の設定〜〉

　最低妥結価格は、限界利益額を変動費上昇前の水準に回復するのに必要な価格です。

【図4-11】変動費の価格転嫁〜限界利益額を回復〜

製品a　　　　　　　　　　　　　（単位：円）

最低妥結価格	10,250
変動費	5,250
（変動費率）	51.2%
限界利益	5,000
（限界利益率）	48.8%

月次損益

販売個数	1,000
売上高	10,250,000
変動費	5,250,000
限界利益	5,000,000

　変動費が250円上昇したので、販売価格も同様に250円値上げすることで限界利益額を回復させます。

　なぜこの価格を最低妥結価格にするかというと、限界利益は固定費を賄うための原資であり、最低妥結価格を下回ると営業利益に悪影響が出るためです。

　したがって最低でも、限界利益額の回復をまずは目指さなければいけません。

〈STEP3　変動費の価格転嫁　〜目標販売価格の設定〜〉

　目標販売価格は、限界利益率を変動費上昇前の水準に回復させるために必要な価格です。

　ここでは元の限界利益率50％へ回復させるために、目標販売価格を10,500円に設定します。

【図4-12】変動費の価格転嫁〜限界利益率を回復〜

製品a

目標販売価格	10,500
変動費	5,250
（変動費率）	50.0%
限界利益	5,250
（限界利益率）	50.0%

月次損益

販売個数	1,000
売上高	10,500,000
変動費	5,250,000
限界利益	5,250,000

　製品aの最低妥結価格と目標販売価格が算出されました。

　これらの根拠を持って10,000円の販売価格を、10,250円〜10,500円の間で、得意先との値上げ交渉に臨むことになります。

その2-1　固定費の価格転嫁

　続いて固定費上昇が上昇した場合の価格転嫁の考え方を見ていきたいと思います。

【図4-13】固定費上昇分を価格転嫁する手順

〈STEP1　製品別限界利益及び全社営業利益の現状把握〉

　こちらも事例で見ていきます。

　固定費上昇前の製品aの変動損益の状況です。

　固定費の価格転嫁は、変動費と比べると少し複雑になりますが、賃上げ分などの価格転嫁を行う場合、こちらも社内で検討できるようにしておくべきです。

　まずシンプルに製品を1種類のみ製造している企業を例にしたいと思います。

　月次の変動損益を見ると限界利益が5,000,000円、固定費が4,500,000円、営業利益が500,000円、営業利益率が5％となっています（【図4-14】／p124）。

　賃上げ等により、固定費が300,000円増加し4,800,000円となりました。営業利益は200,000円に減少し、同様に営業利益率も5％から2％に落ちてきます（【図4-15】／p124）。

【図4-14】固定費上昇前の状況

製品a
(単位：円)

販売価格	10,000
変動費	5,000
（変動費率）	50.0%
限界利益	5,000
（限界利益率）	50.0%

月次損益

販売個数	1,000
売上高	10,000,000
変動費	5,000,000
限界利益	5,000,000
固定費	4,500,000
営業利益	500,000
（営業利益率）	5.0%

【図4-15】固定費上昇後の状況

製品a
(単位：円)

販売価格	10,000
変動費	5,000
（変動費率）	50.0%
限界利益	5,000
（限界利益率）	50.0%

月次損益

販売個数	1,000
売上高	10,000,000
変動費	5,000,000
限界利益	5,000,000
固定費	4,800,000
営業利益	200,000
（営業利益率）	2.0%

〈STEP2　固定費の価格転嫁　〜最低妥結価格の設定〜〉

　固定費の価格転嫁の場合は、限界利益ではなく営業利益に着目します。

【図4-16】値上げで営業利益額を回復

製品a
（単位：円）

最低妥結価格	10,300
変動費	5,000
（変動費率）	48.5%
限界利益	5,300
（限界利益率）	51.5%

月次損益

販売個数	1,000
売上高	10,300,000
変動費	5,000,000
限界利益	5,300,000
固定費	4,800,000
営業利益	500,000
（営業利益率）	4.9%

　最低妥結価格は、営業利益額を回復させるために必要な価格を設定します。

　ここでは最低妥結価格を10,300円に設定することで、固定費上昇前の営業利益額の水準500,000円に回復させます。

〈STEP3　固定費の価格転嫁　〜目標販売価格の設定〜〉

　目標販売価格は、固定費上昇前の営業利益率を回復させるために必要な価格を設定します。

【図4-17】値上げで営業利益率を回復

製品a

（単位：円）

目標販売価格	10,320
変動費	5,000
（変動費率）	48.4%
限界利益	5,320
（限界利益率）	51.6%

月次損益

販売個数	1,000
売上高	10,320,000
変動費	5,000,000
限界利益	5,320,000
固定費	4,800,000
営業利益	520,000
（営業利益率）	5.0%

　目標販売価格を10,320円に設定することで、営業利益率を固定費上昇前の5%に回復させます。

　製品aの最低妥結価格と目標販売価格が算出されました。

　これらの根拠を持って10,000円の販売価格を10,300円〜10,320円の間で、得意先と固定費転嫁のための値上げ（価格転嫁）交渉に臨むことになります。

その 2-2　固定費の価格転嫁（複数製品）

　さて、ここまでシンプルに製品を1種類のみ、製造販売している企業を例として見てきましたが、次は複数の製品を製造販売している場合の、固定費上昇分の価格転嫁の方法を見ていきます。

　変動費のみの変化であれば、製品ごとの限界利益額や率に着目して価格設定をしていけばいいのですが、固定費の場合は各製品に複雑にからみ合います。

　そこで固定費上昇分を、各種製品の販売価格に乗せていくという作業が必要になってきます。

●製品を複数製造している企業の固定費上昇分を価格転嫁する

　では事例を見ていきましょう。

　この会社は製品を3種類製造しており、固定費増加前の損益状況は【図4-18】（p128）の状況となっています。

　会社全体では固定費が12,500,000円かかっており営業利益は1,000,000円、営業利益率は3.1％となっています。

　賃上げ等により、固定費が2,000,000円増加し14,500,000円となり、営業利益がマイナスとなってしまいました【図4-19】（p129）。

【図4-18】 固定費上昇前の状況 （複数製品）

（単位：円）

製品a

販売価格	10,000
変動費	5,000
（変動費率）	50.0%
限界利益	5,000
（限界利益率）	50.0%

製品b

販売価格	12,000
変動費	7,000
（変動費率）	58.3%
限界利益	5,000
（限界利益率）	41.7%

製品c

販売価格	10,500
変動費	7,000
（変動費率）	66.7%
限界利益	3,500
（限界利益率）	33.3%

月次損益

販売個数	1,000
売上高	10,000,000
変動費	5,000,000
限界利益	5,000,000

月次損益

販売個数	1,000
売上高	12,000,000
変動費	7,000,000
限界利益	5,000,000

月次損益

販売個数	1,000
売上高	10,500,000
変動費	7,000,000
限界利益	3,500,000

製品合計月次損益

販売個数	3,000
売上高	32,500,000
変動費	19,000,000
限界利益	13,500,000
固定費	12,500,000
営業利益	1,000,000
（営業利益率）	3.1%

【図4-19】賃上げ後の損益状況

（単位：円）

製品a

販売価格	10,000
変動費	5,000
（変動費率）	50.0%
限界利益	5,000
（限界利益率）	50.0%

製品b

販売価格	12,000
変動費	7,000
（変動費率）	58.3%
限界利益	5,000
（限界利益率）	41.7%

製品c

販売価格	10,500
変動費	7,000
（変動費率）	66.7%
限界利益	3,500
（限界利益率）	33.3%

月次損益

販売個数	1,000
売上高	10,000,000
変動費	5,000,000
限界利益	5,000,000

月次損益

販売個数	1,000
売上高	12,000,000
変動費	7,000,000
限界利益	5,000,000

月次損益

販売個数	1,000
売上高	10,500,000
変動費	7,000,000
限界利益	3,500,000

製品合計月次損益

販売個数	3,000
売上高	32,500,000
変動費	19,000,000
限界利益	13,500,000
固定費	14,500,000
営業利益	−1,000,000
（営業利益率）	−3.1%

固定費上昇による赤字を回復させるために、価格転嫁の値上げ交渉を行います。そこで最低妥結価格を設定しました。

　最低妥結価格で交渉に成功すれば、固定費上昇による赤字は回避することができます。しかし、営業利益率は元に戻りません。

【図4-20】固定費の価格転嫁　～営業利益額の回復～

（単位：円）

製品a

最低妥結価格	10,741
変動費	5,000
（変動費率）	46.6%
限界利益	5,741
（限界利益率）	53.4%

製品b

最低妥結価格	12,741
変動費	7,000
（変動費率）	54.9%
限界利益	5,741
（限界利益率）	45.1%

製品c

最低妥結価格	11,019
変動費	7,000
（変動費率）	63.5%
限界利益	4,019
（限界利益率）	36.5%

月次損益

販売個数	1,000
売上高	10,740,741
変動費	5,000,000
限界利益	5,740,741

月次損益

販売個数	1,000
売上高	12,740,741
変動費	7,000,000
限界利益	5,740,741

月次損益

販売個数	1,000
売上高	11,018,519
変動費	7,000,000
限界利益	4,018,519

価格転嫁前の限界利益	5,000,000
シェア率	37.0%
増加固定費の配賦	740,741
価格転嫁額	741

価格転嫁前の限界利益	5,000,000
シェア率	37.0%
増加固定費の配賦	740,741
価格転嫁額	741

価格転嫁前の限界利益	3,500,000
シェア率	25.9%
増加固定費の配賦	518,519
価格転嫁額	519

製品合計月次損益

販売個数	3,000
売上高	34,500,000
変動費	19,000,000
限界利益	15,500,000
固定費	14,500,000
営業利益	1,000,000
（営業利益率）	2.9%

　最低妥結価格の設定では、営業利益額の維持に必要な価格転嫁を行いました。

　ここでは単純に、価格転嫁前の製品別限界利益を配賦基準として、各製品に固定費上昇分を負担させる考え方で、各製品に価格転嫁しています。

　結果、製品aの最低妥結価格10,741円、製品bの最低妥結価格12,741円、製品cの最低妥結価格11,019円となりました。

　製品の相場情報や、製品の優位性等の価格設定の判断に使える情報があれば、製品別に価格転嫁額を変えることもできます。

【図4-21】固定費配賦の考えかた

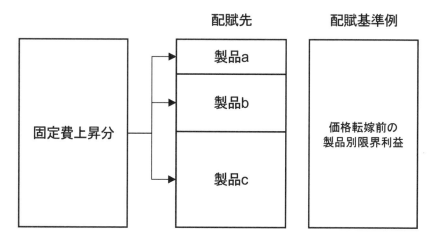

●目標販売価格の基準は営業利益率の回復

　目標販売価格は、全社の営業利益率を固定費増加前の水準の3.1%に回復させる価格に設定します。

　最低妥結価格の設定と違い有効な配賦方法がありませんので、最低妥結価格を下限とし各製品の価格を調整することで、営業利益率を回復させる価格を設定します。

　今回、目標販売価格をそれぞれ製品a10,750円、製品b12,760円、製品c11,060円と設定することで営業利益率を固定費増加前の水準に回復させます。

〈固定費上昇時の製品a・b・cの価格転嫁交渉は次の3つ〉

　①製品a
　当初販売価格10,000円を10,741円〜10,750円の間で価格交渉

　②製品b
　当初販売価格12,000円を12,741円〜12,760円の間で価格交渉

　③製品c
　当初販売価格10,500円を11,019円〜11,060円の間で価格交渉

【図4-22】固定費の価格転嫁　～営業利益率を回復～

（単位：円）

製品a

目標販売価格	10,750
変動費	5,000
（変動費率）	46.5%
限界利益	5,750
（限界利益率）	53.5%

製品b

目標販売価格	12,760
変動費	7,000
（変動費率）	54.9%
限界利益	5,760
（限界利益率）	45.1%

製品c

目標販売価格	11,060
変動費	7,000
（変動費率）	63.3%
限界利益	4,060
（限界利益率）	36.7%

月次損益

販売個数	1,000
売上高	10,750,000
変動費	5,000,000
限界利益	5,750,000

月次損益

販売個数	1,000
売上高	12,760,000
変動費	7,000,000
限界利益	5,760,000

月次損益

販売個数	1,000
売上高	11,060,000
変動費	7,000,000
限界利益	4,060,000

価格転嫁前の限界利益	5,000,000
シェア率	37.0%
固定費の配賦	5,370,370
価格転嫁額	750

価格転嫁前の限界利益	5,000,000
シェア率	37.0%
固定費の配賦	5,370,370
価格転嫁額	760

価格転嫁前の限界利益	3,500,000
シェア率	25.9%
固定費の配賦	3,759,259
価格転嫁額	560

製品合計月次損益

販売個数	3,000
売上高	34,570,000
変動費	19,000,000
限界利益	15,570,000
固定費	14,500,000
営業利益	1,070,000
（営業利益率）	3.1%

製品の種類が多い場合の価格設定の方法

ABC分析の手法を応用

　製品が多種類に及ぶ場合、すべての製品を1つずつ分析していくのは、膨大な手間がかかります。

　そこで、対象製品を絞り込むABC分析という方法を、ご紹介したいと思います。

　ABC分析とは在庫管理のときなどに使う手法で、一定の評価基準を定め、製品をそれぞれAからCまでのグループに分類して管理する方法です。

　p135をご参照ください。

〈ABC分析の手順〉

①製品ごとに売上高を計上し売上高の順に並べます。

②次に製品ごとの売上高が全製品の売上全体に占める割合、
　売上の構成比（製品別売上高÷売上全体の合計）を算出します。

③次に製品ごとにある期間内にどれだけ売れたのか、
　期間内の売上の通算である製品の累積売上額を計上します。

④次に製品ごとの累積売上額で売上全体の合計額を割り、累積構
　成比を算出します。

　累積構成比とはそれぞれの製品が期間内にどれだけ動いたかを
表す指標で、累積構成比の数値が少ない製品ほどよく動いている
（売上に貢献している）となります。

　累積構成比の数値が大きい製品は、たとえば期間内に1回しか
売れなかった製品は累積構成比100％となるように、製品として
は売れ行きの悪いものということになります。重要度の低い製品
です。

⑤製品ごとに累積構成比でランキングし、一定の水準で切り分け
　て上位から重要度の高い順にAグループ、Bグループ、Cグル
　ープというように分けます。

以上がABC分析のあらましです。

具体的にABC分析の応用の仕方を見ていきます。

複数製品をABC分析でグループに分ける

ＡＢＣ分析で対象製品の絞り込みを行うときは、まず製品を売上高の高い順に並べ、それぞれの売上の構成比を算出します。

構成比は各製品の売上を、売上合計金額で割り出します。

具体例で見ていきましょう。

【図4-23】が製品別の製品別売上高と構成比・累積構成比です。

まず、売上高の順に上から並べています。

ここから製品別の構成比、累積構成比を算出して、それぞれ製品ごとに計上します。構成比を合計した累積構成比が70％未満の製品が、重要度の高い製品とされます。

【図4-23】では、製品a・bがそれに該当します。

Ａランクの製品を値上げすることができれば、自ずと利益への貢献度も高くなります。

【図4-23】では累積構成比が70％以上、90％未満の製品が次に重要度の高い製品となります。

【図4-23】で累積構成比が90％以上という製品は、もし値上げを行ったとしても利益への影響度が少ない製品です。

骨折り損に終わるおそれの高い製品といえます。

今後、販売拡大が見込める製品を除いて、ＡＢＣ分析を行った結果のＡランクの製品のみ、もしくはＡ・Ｂランクの製品を値上げ対象製品として絞り込むことで、値上げ交渉の効率を上げることができます。

ランクＣの製品は対象から外すほうが、値上げ交渉のエネルギーの選択と集中に効果が期待できます。

以上がＡＢＣ分析の応用です。

【図4-23】累積構成比でABCにランク付け

分類基準

累積構成比	分類	重要度
累積構成比70%未満	A	高
累積構成比70%以上90%未満	B	中
累積構成比90%以上	C	低

製品	売上高	構成比	累積構成比	分類
a	120,000	37.9%	37.9%	A
b	80,000	25.2%	63.1%	A
c	60,000	18.9%	82.0%	B
d	20,000	6.3%	88.3%	B
e	10,000	3.2%	91.5%	C
f	10,000	3.2%	94.6%	C
g	7,000	2.2%	96.8%	C
h	5,000	1.6%	98.4%	C
i	3,000	0.9%	99.4%	C
j	1,000	0.3%	99.7%	C
k	1,000	0.3%	100.0%	C
合計	317,000			

「業種別平均限界利益率」等の指標を 目標指標とする場合の適正価格の設定方法

経営改善を目指した値上げ

次に、抜本的な経営体質の改善を目的として、業界の平均値など目標指標価格に適正に反映する方法を見ていきます。

このケースの適正価格の設定は、以下の手順で進めていきます。

【図4-24】経営指標の改善を目指した価格設定手順

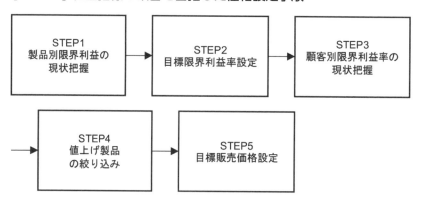

では、事例で見ていきましょう。

〈STEP1・2　現状把握と目標限界利益率の設定〉

【図4-25】製品別限界利益の状況

製品a

販売価格	10,000
変動費	5,000
（変動費率）	50.0%
限界利益	5,000
（限界利益率）	50.0%

製品b

販売価格	8,000
変動費	5,000
（変動費率）	62.5%
限界利益	3,000
（限界利益率）	37.5%

製品c　　　　　　　　（単位：円）

販売価格	6,000
変動費	4,000
（変動費率）	66.7%
限界利益	2,000
（限界利益率）	33.3%

月次損益

販売個数	1,000
売上高	10,000,000
変動費	5,000,000
限界利益	5,000,000

月次損益

販売個数	1,500
売上高	12,000,000
変動費	7,500,000
限界利益	4,500,000

月次損益

販売個数	3,000
売上高	18,000,000
変動費	12,000,000
限界利益	6,000,000

情報

・限界利益率	高水準
・製品の優位性	なし

情報

・限界利益率	低水準
・製品の優位性	なし

情報

・限界利益率	低水準
・製品の優位性	あり

製品合計

販売個数	5,500
売上高	40,000,000
変動費	24,500,000
限界利益	15,500,000
（限界利益率）	38.8%

　ある業種の平均の限界利益率が、40％だったとします。

　製品aの限界利益率は50％です。

　製品bの限界利益率が37.5％です。

　製品cの限界利益率が33.3％で、合計の限界利益率は38.8％となっています。

製品b・cは業種平均の限界利益率40％を、下回っている状況です。

また、製品合計も業種平均の限界利益率を下回っています。

ここでは、目標の限界利益率を40％にするために価格設定を行いたいのですが、その前にやっておかなくてはいけないのが情報の整理です。

【図4-25】の下部に製品の優位性の情報があります。

製品a・bは製品の優位性なし、製品cは製品の優位性があり競合の少ない状況です。

現時点では価格交渉の成立可能性が高いのは、限界利益率が業種平均を下回っており、製品に優位性のある製品cであることが判断できます。

ここにさらに情報を追加していきます。

〈STEP3　顧客別限界利益率の現状把握〉

この会社は、顧客XYZの3社と取引をしています。

ここで情報を集約するために、上記のような製品abcと顧客XYZのマトリックスを作成します。

情報を整理していきましょう。

①　顧客Xには製品a・bを販売しており、
　　下部の合計欄から顧客Xの顧客別限界利益率は
　　46.4％と業種平均を上回っている。

②　また顧客Yには製品cのみを販売しており、
　　顧客Yの顧客別限界利益率は、33.3％と業種平均を
　　下回っている。

③　顧客Ｚには製品ｂ・ｃを販売しており、顧客Ｚの限界利益率は35.7％と業種平均を下回っている。

【図4-26】顧客別限界利益率の状況

（単位：円）

顧客X

製品a	販売価格	10,000	
	販売個数	1,000	
	売上高	10,000,000	
	限界利益	5,000,000	
	限界利益率	50.0%	
製品b	販売価格	8,000	
	販売個数	500	
	売上高	4,000,000	
	限界利益	1,500,000	
	限界利益率	37.5%	
製品c	販売価格	6,000	
	販売個数	0	
	売上高	0	
	限界利益	0	
	限界利益率	－	
合計	売上高	14,000,000	
	限界利益	6,500,000	
	限界利益率	46.4%	

顧客Y

製品a	販売価格	10,000	
	販売個数	0	
	売上高	0	
	限界利益	0	
	限界利益率	－	
製品b	販売価格	8,000	
	販売個数	0	
	売上高	0	
	限界利益	0	
	限界利益率	－	
製品c	販売価格	6,000	
	販売個数	2,000	
	売上高	12,000,000	
	限界利益	4,000,000	
	限界利益率	33.3%	
合計	売上高	12,000,000	
	限界利益	4,000,000	
	限界利益率	33.3%	

顧客Z

製品a	販売価格	10,000	
	販売個数	0	
	売上高	0	
	限界利益	0	
	限界利益率	－	
製品b	販売価格	8,000	
	販売個数	1,000	
	売上高	8,000,000	
	限界利益	3,000,000	
	限界利益率	37.5%	
製品c	販売価格	6,000	
	販売個数	1,000	
	売上高	6,000,000	
	限界利益	2,000,000	
	限界利益率	33.3%	
合計	売上高	14,000,000	
	限界利益	5,000,000	
	限界利益率	35.7%	

情報

交渉難易度	高

情報

交渉難易度	低

情報

交渉難易度	低

また以下の情報も追加されました。

④　顧客Xとは普段メールや電話でのやり取りしかなく、
先方担当者と直接面識がない。
地元の中堅企業で、意思決定プロセスも複雑だと認識している。

⑤　顧客Yへは営業担当者が、情報提供のため定期的に訪問してお
り、先方担当者、役席者とも関係性が構築できている。
仕入価格の決定権者は、先方役席者であることもわかっている。

⑥　顧客Zには毎週製品の納品のため配達を行っており、
先方担当者と直接面識があり、当社・顧客の社長同士が
旧知の仲である。

〈STEP4　値上げ製品の絞り込み〉

　ここまでの情報を整理した結果、限界利益率が低水準かつ製品に優位性がある、製品 c の値上げを検討することにしました。

　ただし顧客Ｘとの値上げ交渉は、労力と時間がかかることを想定し、まず顧客Ｙ・Ｚと値上げ交渉を行うことにしました。

　今回それぞれの顧客に対してのアクションを整理すると、以下のようになります。

① 　顧客Ｘは交渉難易度が高く、

　　　顧客別限界利益率も目標を上回っていることから、

　　　今回の値上げ交渉は見送りとし、

　　　交渉できる関係作りの土台構築を進める。

② 　顧客Ｙに対しては製品 c の値上げ交渉を行う。

③ 　顧客Ｚに対しては製品 c の値上げ交渉を行う。

〈STEP5　目標販売価格設定〉

　業種別限界利益率の平均値40%を上回るため、製品cを値上げ交渉するときの目標販売価格の設定を行います。

　値上げ交渉前の全社の限界利益率は、下記表のとおり業種別の平均値を下回る38.8%でした。

　これを業種別の平均値まで引き上げることが、値上げ交渉でも目標となります。

【図4-27】値上げ交渉前の全社の限界利益率

（単位：円）

売上高	40,000,000
変動費	24,500,000
限界利益	15,500,000
（限界利益率）	38.8%

　顧客Yと顧客Zに対し、製品cを6,000円から6,280円に値上げすることで、全社の限界利益率が40%となります。

　したがって、6,280円を目標販売価格として交渉をはじめていきます。

　目標販売価格で交渉成立できれば、顧客Yと顧客Zの限界利益率もわずかながら改善します。

　目論見通り値上げできたときの限界利益が、【図4-28】です。

【図4-28】 目標販売価格と全社の限界利益率

顧客X

製品a	販売価格	10,000
	販売個数	1,000
	売上高	10,000,000
	限界利益	5,000,000
	限界利益率	50.0%
製品b	販売価格	8,000
	販売個数	500
	売上高	4,000,000
	限界利益	1,500,000
	限界利益率	37.5%
製品c	販売価格	6,000
	販売個数	0
	売上高	0
	限界利益	0
	限界利益率	－
合計	売上高	14,000,000
	限界利益	6,500,000
	限界利益率	46.4%

顧客Y

製品a	販売価格	10,000
	販売個数	0
	売上高	0
	限界利益	0
	限界利益率	－
製品b	販売価格	8,000
	販売個数	0
	売上高	0
	限界利益	0
	限界利益率	－
製品c	目標販売価格	6,280
	販売個数	2,000
	売上高	12,560,000
	限界利益	4,560,000
	限界利益率	36.3%
合計	売上高	12,560,000
	限界利益	4,560,000
	限界利益率	36.3%

顧客Z　　　　　　　　（単位：円）

製品a	販売価格	10,000
	販売個数	0
	売上高	0
	限界利益	0
	限界利益率	－
製品b	販売価格	8,000
	販売個数	1,000
	売上高	8,000,000
	限界利益	3,000,000
	限界利益率	37.5%
製品c	目標販売価格	6,280
	販売個数	1,000
	売上高	6,280,000
	限界利益	2,280,000
	限界利益率	36.3%
合計	売上高	14,280,000
	限界利益	5,280,000
	限界利益率	37.0%

売上高	40,840,000
変動費	24,500,000
限界利益	16,340,000
（限界利益率）	40.0%
固定費	15,000,000
営業利益	1,340,000
（営業利益率）	3.3%

最低妥結価格を設定するときの考え方

　価格転嫁のときと同じように、最低妥結価格についても設定をしていきます。

　ここでも、最低限確保したい限界利益額や営業利益額を実現するための販売価格を、最低妥結価格とします。

　ただし、抜本的に経営体質を改善することが目的で、目標を最終出来上がりの経営指標の改善とするなら、やはり利益率の改善につながる目標販売価格で、値上げ交渉のゴールとして進めたいところです。

CHAPTER V

値上げ交渉 8 つのシナリオと
交渉ステップ

すべての結果は準備段階で8割が決まる

　パターン別の値上げ交渉前の具体的な準備方法やその手順と、交渉に用いる資料の準備方法についてみていきます。

　まず、CHAPTER Ⅲで紹介したパターン別の対応方針をおさらいしましょう。

　【図5-1】のパターンをA～Hに分類をして、それぞれの値上げ交渉前の具体的な準備方法やその手順を見ていきます。

交渉は常に先の先を見て行うことが基本

　得意先も当然自社と同様に、商売をしています。

　相手が「値上げ交渉の難易度が低い」にあてはまったとしても、得意先の採算が大きく悪化するようなケースでは、交渉が難航することがあります。

　得意先の得意先、つまり得意先のひとつ先の得意先を見て、自社の得意先が自社と同じように値上げや価格転嫁がしやすいよう**値上げの根拠を示す資料を提供する、あるいは値上げ交渉に同行する**などパートナーシップを発揮して、協力関係を築いていくということも視野に入れ、考えていただければと思います。

　自社都合だけですべてがうまく行くわけでもありませんので、得意先の採算状況を確認しつつ交渉を行っていく用意も必要です。

【図5-1】 パターン別8つの対応方針

製品別 限界利益	マイナスor低水準			
製品の 優位性	あり		なし	
顧客別 交渉難易度	低	高	低	高
値上げ交渉 成立の可能性	1	3	4	6
パターン	A	B	C	D
対応方針	・すぐに値上げ交渉を始めましょう	・資料作成、顧客と接点作りなど、値上げ交渉の準備を早急に始めましょう	・まずは製品の価格相場、競合他社の価格動向をリサーチしましょう	・取引解消、限界利益ミックスなどの対策により値上げ以外の利益確保の方法を模索しましょう

製品別 限界利益	高水準			
製品の 優位性	あり		なし	
顧客別 交渉難易度	低	高	低	高
値上げ交渉 成立の可能性	2	5	7	8
パターン	E	F	G	H
対応方針	・得意先の採算情報を確認した上で、値上げ交渉に臨みましょう	・一方的な強気の値上げ交渉は控えましょう ・段取りを踏んだ上で、ていねいで誠実な交渉を	・得意先からの値下げ交渉警戒	・得意先からの取引解消警戒

※値上げ交渉成立の可能性は、1が高く8が低い。

【図5-2】先の先を見る

パターン別の対応手順

　ここからはパターン別の対応手順について見ていきたいと思います。

●パターンＡ

　パターンＡは「限界利益率がマイナスまたは低水準で、かつ製品優位性があり、かつ交渉難易度が低いパターン」です。

【図5-3】パターンＡの対応フロー

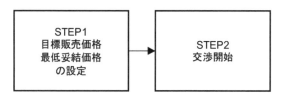

〈パターンＡの対応手順〉

　この場合得意先との関係構築はすでにできており、得意先の決裁プロセスもわかっている状況であり、製品に優位性がありますので交渉は比較的容易に進むと思われます。

　したがって目標販売価格および最低妥結価格の設定ができれば、すぐに値上げ交渉に望むべきです。

●パターンB

　パターンBは「限界利益率がマイナスまたは低水準で、かつ製品優位性があり、かつ交渉難易度が高い」パターンです。

【図5-4】パターンBの対応フロー

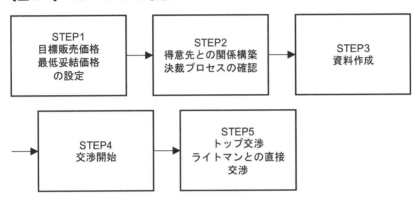

〈パターンBの対応手順〉

　パターンBはパターンAと違い交渉難易度が高いので、時間をかけて値上げ交渉を行っていきます。

　まず顧客との接点作り関係構築からはじめ、関係構築中に決裁プロセスの確認等も行っていきます。

　中堅企業や大手企業が相手の場合は特に、決裁プロセスが複雑な場合が多く、自社製品に優位性があったとしても、先方の決裁者に自社との取引価値が伝わっていない可能性が大いに考えられます。

　目標販売価格や最低妥結価格を設定した上で、交渉を開始する前に値上げの根拠となる資料の、十分な準備を行います。

　先方の担当者がそのまま上司に説明できるような、詳細かつ明快な資料を準備することが望ましいのは言うまでもありません。

またこの場合、交渉が始まったとしても長期化するケースが多い傾向にあります。交渉が難航した場合は、営業担当者に任せるだけではなく、担当役員や社長によるトップ交渉や、先方の担当者に掛け合って、決定権者との直接交渉の機会を調整してもらうなど、ひと手間をかける必要も出てきます。

● パターンC

パターンCは「限界利益率がマイナスまたは低水準で、かつ製品優位性がない、かつ交渉難易度が低い」パターンです。

【図5-5】パターンCの対応フロー

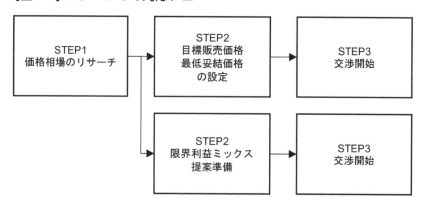

〈パターンCの対応手順〉

製品に優位性がありませんので、値上げ交渉に入る前に価格相場のリサーチをする必要があります。

ある程度得意先との関係構築ができている場合は、得意先から直接相場情報や、競合の情報を仕入れることも方法のひとつかと思います。

限界利益がマイナスの場合は、売れば売るほど赤字になりますので、

その場合は先方に自社の採算状況を伝えた上で、早急に値上げ交渉を行いましょう。

　情報収集の結果、値上げ交渉の余地がないと判断した場合は、限界利益ミックスの提案を行い、取引拡大・限界利益率改善を進めるのもよいかと思います。

　いずれにしても意思決定に必要な情報を十分に収集した上で、得意先へのアクションを決定していく必要があります。

● パターンD

　パターンDは「限界利益率がマイナスまたは低水準で、かつ製品優位性がない、かつ交渉難易度が高い」パターンです。

　パターンDの対応手順は2つに分かれます。

・ パターンD-a

　限界利益率がマイナスで、かつ製品優位性なし、かつ交渉難易度が高いケース

〈パターンD-aの対応手順〉

　価格交渉の成立の可能性が非常に低く、骨が折れるパターンです。

　しっかりと資料準備を行った上で、交渉を行っていく必要がありますが、限界利益がマイナスの状態が続けば、赤字の要因になりかねません。

　値上げ交渉または限界利益ミックスの提案により、限界利益率の改善を図っていきたいところですが、交渉が難航し今後も限界利益率の改善が見込めない場合は、他の製品・顧客の利益を食うことになるため、取引解消を行うべきです。

【図5-6】 パターンD-aの対応フロー

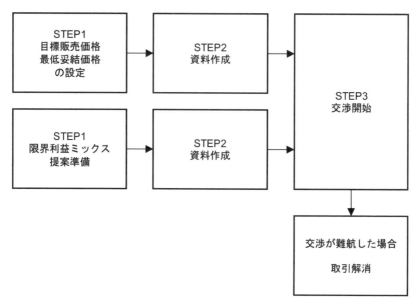

　売上が確保できたとしても、利益が確保できないと取引メリットがありません。

　そもそも、STEP1の段階で限界利益改善の見込みが薄いと判断した場合は、STEP2を飛ばして交渉を進めていっても、よいかもしれません。

- パターンD-b

限界利益率が低水準で、かつ製品優位性がない、かつ交渉難易度が
高いケース

【図5-7】 パターンD-bの対応フロー

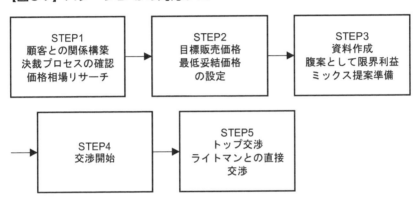

値上げ交渉成立の見込みが薄いとわかっている場合

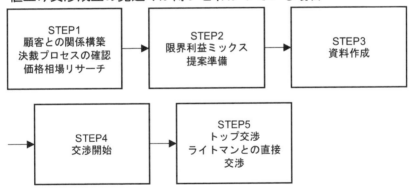

〈パターンD-bの対応手順〉

　パターンD-bは、パターンDの限界利益率が低水準のケースですが、売れば売るほど赤字が膨らむという、最悪な状態ではありません。

　いわば、くたびれ儲けというところでしょうか。

　限界利益率が低水準であっても、プラスが出ている状態であるなら、ただちに取引解消という相手ではありません。

　しっかりと関係構築をした上で、限界利益率を少しでも改善するために目標販売価格、最低妥結価格の設定を行った上で値上げ交渉に臨みます。

　限界利益のミックスの提案を、準備しておくことも有効です。

　儲けの少ない得意先とはいえ、雑な扱いは厳に慎まなければいけません。

　したがって、もちろんパターンBと同様、関係構築、値上げの根拠を示す資料等の十分な準備を経て、交渉に臨まなければいけません。

　次に限界利益が高水準のパターンを見ていきます。

● パターンE

パターンEは「限界利益率が高水準で、かつ製品に優位性があり、かつ交渉難易度が低い」パターンです。

【図5-8】パターンEの対応フロー

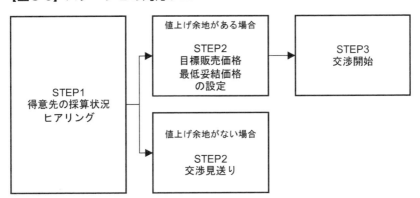

〈パターンEの対応手順〉

限界利益率が高水準なので、すでに得意先の採算を圧迫している場合があります。

したがって、まず行わなければいけないのが、得意先の採算状況のヒアリングです。得意先の採算状況をヒアリングした上で値上げの余地がある場合は、目標販売価格および最低妥結価格の設定を行い、交渉に臨むという流れになります。

すでに限界利益率の高い顧客であることから、値上げの余地がない場合は交渉見送りとし、次の機会を見計らうという選択をしてもよい相手です。

●パターンF

パターンFは「限界利益率が高水準で、かつ製品に優位性があり、かつ交渉難易度が高い」パターンです。

【図5-9】パターンFの対応フロー

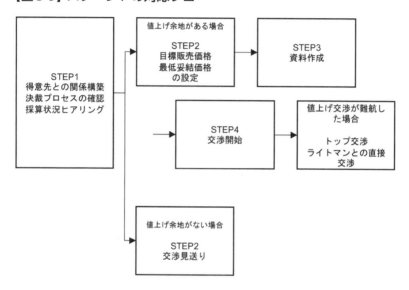

〈パターンFの対応手順〉

このパターンは、意思決定権者に自社との取引メリットが伝わっていないことがありますので、慎重に話を進める必要があります。

しっかりと顧客との関係を構築し、決裁プロセスの確認、採算状況のヒアリング等の準備を入念に行った上で、次のステップに進みます。

値上げの余地がある場合は、目標販売価格および最低妥結価格の設定を行い、十分な根拠資料を作って交渉に臨んでいくというような流れになります。値上げ交渉の余地がない場合は、パターンEと同様見送りという選択をしてもよいでしょう。

それでも交渉を見送るべき相手

　ここからは値上げ交渉を見送ったほうが無難なパターンについて見ていきます。

●パターンG

　パターンGは「限界利益率は高水準で、かつ製品に優位性がない、かつ交渉難易度が低い」パターンです。

【図5-10】パターンGの対応フロー

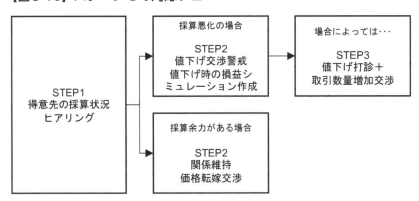

〈パターンGの対応手順〉

　得意先の採算状況をまずヒアリングしましょう。

　限界利益は高水準ということは、もしかすると得意先の採算が悪化している場合も考えられます。その場合は逆に得意先からの値下げ交渉を警戒すべきです。

　採算状況をヒアリングした上で、もし逆に顧客から値下げ交渉が持ち込まれる恐れのある場合は、値下げした場合の限界利益率等のシミ

ュレーションを行います。

　どこまでなら価格をのめるのか、こちらの希望する水準を伝える準備をしておきましょう。

　場合によっては先回りして、値下げの用意があることを顧客へ伝え、取引数量の増加交渉を行って限界利益額の確保をねらうことも方法のひとつかもしれません。

　得意先の採算に余力がありそうなら、製造コストが増加した分の価格転嫁は打診してもよいと思います。

● パターンH

　パターンHは「限界利益率は高水準で、かつ製品に優位性なし、かつ交渉難易度が高い」パターンです。

【図5-11】パターンHの対応フロー

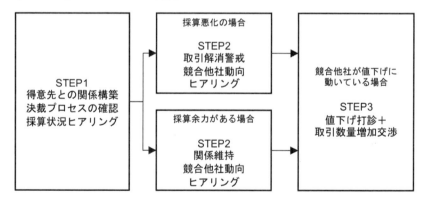

〈パターンHの対応手順〉

　高水準の限界利益率を確保している、利益貢献度の高い得意先ですが、交渉の行方次第では、もしかすると取引解消につながる可能性のあるパターンです。

　したがって慎重に動いていく必要があります。

　ここでも顧客との関係構築、決裁プロセスの確認、先方の採算状況をしっかりとヒアリングしておきます。

　特に注意が必要なケースは顧客の採算が悪化している場合で、関係が出来上がる前に取引解消を打診される可能性があります。

　限界利益率が高水準ということは、競合他社も同じように限界利益が高水準であることが想定されます。

　すると競合他社も、値下げ余力がある状況が考えられますので、競合他社が先回りして値引きに動いてくる可能性もあります。

　関係構築を行いながら競合他社の動向などもヒアリングし、取引解消にならないように注意を払っていかなければなりません。

　場合によっては先回りして値下げを打診するとともに、取引数量の増加交渉を試みてみるのも効果があるかもしれません。

　もともと限界利益率が高水準なので、多少の値引きを行っても取引数量が増加すれば、全社の限界利益率の改善に寄与する可能性が高いのがパターンHです。

交渉資料を準備するときの肝は情報開示

公的な値上げ資料を活用

　ここまでパターン別に対応手順について見ていきましたが、交渉難易度が高い先には関係構築とともに、やはり値上げの根拠を示す資料の準備が必須になってきます。

企業の価格転嫁の成功理由、
第一位は「原価を示した価格交渉」

　ここで帝国データバンクの公開資料を紹介します（【図5-12】【図5-13】）。

　【図5-12】を見ると、価格転嫁が成功した理由としてアンケートに回答した6割超の製造業が「原価を示した価格交渉」と回答しています。

　2番目に「取引先への価格改定の通知」とありますが、こちらは原材料価格がわかりやすい業種に限られると思います。たとえば食品や原油由来の製品を作っている会社です。

　これらの企業はこちらから詳しく説明しなくても、原材料価格がダイレクトに価格に影響を及ぼすことが顧客に伝わっていますので、得意先も価格改定を受け入れざるを得ないわけです。

【図5-12】値上げが成功した理由　全業種アンケート結果

価格転嫁ができた理由（複数回答）

項目	割合（%）
原価を示した価格交渉	45.1
取引先への価格改定の通知	28.7
業界全体における理解の進展	25.8
日頃から発注者へのコストに影響しそうな情報共有	24.2
業界全体における価格調整	13.9
既存の商品・サービスの改良	7.3
取り扱い商品・サービスは元々他社と差別化できている	7.0
取引先の見直し	6.7
新商品・新サービスの開発	6.3
コスト上昇分が自動的に上乗せされる	5.0
行政や業界団体による価格転嫁促進策の実施	4.0
法令やルールによる価格の変動	3.7
新たなアフターサービスの提供	2.0
その他	3.6
全く転嫁できていない/していない	17.2
分からない/不回答	3.0

単位（%）

注：母数は、有効回答企業1,335社

　ただ多くの場合は、やはり値上げの根拠を示す資料を提示して、ていねいに交渉を進めることが、値上げの最大の成功要因ということがこのアンケートからわかります。

【図5-13】値上げが成功した理由　製造業アンケート結果

製造	(%)
原価を示した価格交渉	63.7
取引先への価格改定の通知	35.0
業界全体における理解の進展	27.1
日頃から発注者へのコストに影響しそうな情報共有	25.2
業界全体における価格調整	11.7
全く転嫁できていない／していない	9.8

【図5-12】【図5-13】とも「帝国データバンク　2023年2月9日 特別企画：価格転嫁の成功理由に関する企業アンケート」

　また【図5-13】の上から4番目の、「日頃から発注者へのコストに影響しそうな情報共有」という項目も注目すべきかと思います。

　このような情報を随時提供していれば得意先との関係構築にもつながりますし、原材料等の価格上昇期においては事前に得意先へ価格転嫁の理解を促すことにつながります。

　この結果を受けて、単純に自社の原価情報を提示して「原価が上がっています。なので値上げをお願いします」と言っても、そこに信憑性が生まれないようでは無意味です。

　しっかりした裏付けデータを取って、添付していく必要が出てきます。

製造コストの上昇を裏付けるデータの収集

　信憑性のある裏付けデータを示すなら国や自治体、公的機関など信頼できる機関の公開情報を活用したほうがよいでしょう。

　原材料価格や燃料価格、電力価格等の価格推移の公的な統計データはインターネットで手に入ります。

　【図5-14】は経済産業省がまとめたものです。信頼性が高いので、下記のURLから裏付けデータのひとつとして交渉資料に役立てられるかと思います。

【図5-14】信頼できる情報ソース

（参考）エネルギーコストや原材料費などのデータ掲載サイト例

データ		資料名・掲載URL
主要品目の価格推移（業種別）		埼玉県「価格交渉支援ツール」 ※主要な原材料価格（1、420品目）の推移を示す資料を簡易に作成可能 https://www.pref.saitama.lg.jp/a0801/library-info/kakakukoushoutool.html#downloa
エネルギーコスト	燃料価格	財務省「貿易統計」（原油・粗油CIF価格、原油・粗油及び石油製品CIF価格）石油連盟HP： https://www.paj.gr.jp/statis/trade 資源エネルギー庁「石油製品価格調査」（給油所小売価格調査、民生用灯油、産業用価格、卸価） https://www.enecho.meti.go.jp/statistics/petroleum_and_lpgas/pl007/results.html 日本銀行「企業物価指数（エネルギー価格指数（石油・石炭・天然ガス等））」 https://www.boj.or.jp/statistics/pi/index.htm
	電力料金	新電力ネット「全国の電気料金単価」（特別高圧・高圧・電灯・電力） https://pps-net.org/unit
原材料コスト	非鉄金属・金属相場等	経済産業省「非鉄金属等需給動態統計調査」 https://www.enecho.meti.go.jp/statistics/coal_and_minerals/cm002/
	木材価格	農林水産省「木材価格統計」https://www.maff.go.jp/j/tokei/kouhyou/mokuryu/kakaku/
	農林水産品	財務省「貿易統計」より「農林水産物輸出統計」 https://www.e-stat.go.jp/stat-search/files?page=1&toukei=00500100
	食品価格	農林水産省「食品価格動向調査」（野菜、加工食品、食肉・鶏卵、魚介類） https://www.maff.go.jp/j/zyukyu/anpo/kouri/

注）掲載URLは、2023年3月現在

経済産業省　「中小企業・小規模事業者の価格交渉ハンドブック」より抜粋

【図5-14】のうち、自治体が公開している情報で特にわかりやすいのが、埼玉県が公表している価格交渉の支援ツールです（【図5-15】【図5-16】）。

グラフと数字で直感的にわかりやすくまとめられており、値上げ交渉に用いる資料としては、最適な裏付けデータのひとつだと思います。

【図5-15】埼玉県「価格交渉支援ツール」の一部

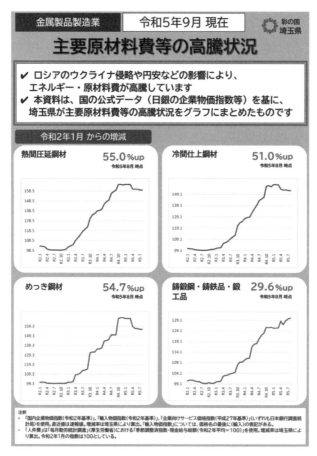

埼玉県「価格交渉支援ツール」

国の公式データ（日銀の企業物価指数等）をもとに、業種別かつ主要材料別に価格動向をまとめてくれている自治体もあります。

会社のある自治体にも同様な支援情報の提供を行っているか、値上げ交渉の準備の一環として調べておくことも必要です。

【図5-16】 埼玉県「価格交渉支援ツール」の一部

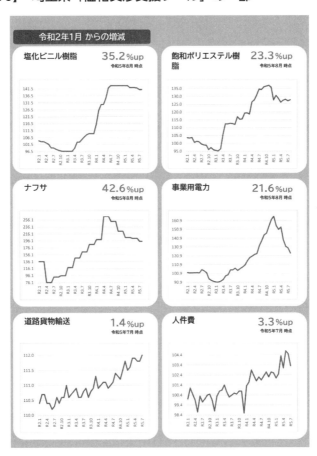

埼玉県「価格交渉支援ツール」

【図5-17】電力料金情報の例

電力市場データ一式｜(Excel)　　　　　　　　　　　　　　　　　ダウンロード

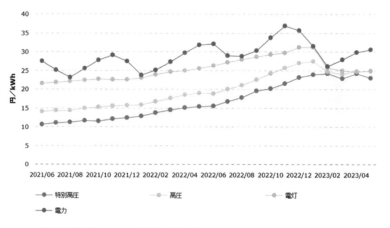

※消費税および再生可能エネルギー発電促進賦課金は含まない単価となっております

	2023/05	前月比	前年比
特別高圧	23.05 円／kWh	-1.15(-4.75%)	+7.71(+50.26%)
高圧	24.77 円／kWh	-0.02(-0.08%)	+5.76(+30.3%)
電灯（低圧）	24.95 円／kWh	+0.27(+1.09%)	-0.55(-2.16%)
電力（低圧）	30.53 円／kWh	+0.69(+2.31%)	-1.26(-3.96%)

新電力ネット「全国の電気料金単価」（特別高圧・高圧・電灯・電力
http://pps-net.org/unit

公的情報を活用して値上げ交渉の資料を作る

　情報を収集した上で、製造コスト上昇の根拠資料として示すことによって、交渉先に伝わりやすい値上げ交渉の資料を作ることができます。値上げせざるを得ない背景を示した上で、弊社製品への影響と価格改定のお願いという形で説明していくのが、スムースな流れかと思います。

　埼玉県の価格交渉ツールから、データを引用して作った交渉資料のサンプルが【図5-18】です。
　製造コスト上昇の背景となるデータを示した上で値上げ交渉、価格転嫁交渉に臨むことで説得力が増し、得意先にも話が通じやすくなります。

【図5-18】交渉資料のサンプル1

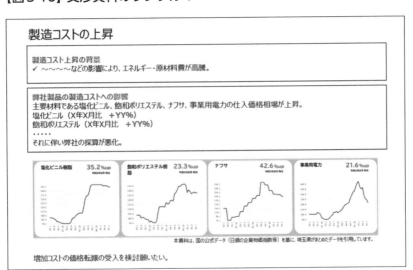

169

また【図5-19】は製造原価ではなく、変動費率・限界利益率をベースにしています。

　過去と現在を比較しコストアップの状況を説明した上で、値上げ・価格転嫁を要請し交渉に入っていきます。

　情報を開示することで、はじめて値上げの根拠を示すことができます。

　これまでも述べてきた、製品別の限界利益を整理することの重要性が改めてご理解いただけるかと思います。

　自社内での適正価格設定の根拠はあくまでも変動費率、限界利益率をベースにすべきですが、交渉に用いる資料は原価や売上総利益であっても、それで交渉が進展する場合にはもとより資料にこだわる必要はありません。

　ただ、製品ごとの個別原価を設定しようと思うと、固定費が概念として入ってきますので、製品別原価の算出は難易度が高くなります。

　まずは変動費、限界利益で根拠を提示することをおすすめします。

　しかし場合によっては、得意先から「原価で示して」と要求される可能性もありますし、賃上げ等固定費の価格転嫁をする場合は、製品別原価の算出が必要になりますので、その方法もご紹介をしたいと思います。なお製造原価の中には固定費が含まれますので、各製品への配賦が必要となり計算は複雑化していきます。

【図5-20】は、製造原価で値上げの根拠を示した資料です。

　製造原価の内訳に、労務費と製造経費という項目がありますが、こちらは固定費に該当する費目で、全社の固定費を配賦基準を使って製品aに配賦しています。

　まずこの固定費を製品別にどう配賦していくかについて、見ていきたいと思います。

【図5-19】交渉資料のサンプル2

弊社製品への影響と価格改定のお願い

今日まで、製品値上げを避けてきましたが、〜〜〜〜の高騰によるコストアップは著しく、以下のように吸収しきれない状況にあります。品質の維持と安定的な製品の供給のため、不本意ながら来る○○月のお取引分から、○○%値上げをご検討願いたい。

（単位：円）

製品a		2020年3月時点	2023年8月時点	差額	改定価格
販売価格		10,000	10,000	-	12,000
変動費		3,800	4,520	+720	4,520
内訳	原材料費	2,000	2,200	+200	2,200
	外注加工費	1,000	1,100	+100	1,100
	燃料費	300	500	+200	500
	電気代	400	600	+200	600
	消耗品費	100	120	+20	120
変動費率		38.0%	45.2%	+7.2%	37.7%
限界利益率		62.0%	54.8%	-7.2%	62.3%

【図5-20】交渉資料のサンプル3

弊社製品への影響と価格改定のお願い

今日まで、製品値上げを避けてきましたが、〜〜〜〜の高騰によるコストアップは著しく、以下のように吸収しきれない状況にあります。品質の維持と安定的な製品の供給のため、不本意ながら来る○○月のお取引分から、○○%値上げをご検討願いたい。

（単位：円）

製品a		2020年3月時点	2023年8月時点	差額	改定価格
販売価格		10,000	10,000	-	12,000
製造原価		6,060	6,975	+915	7,550
内訳	原材料費	2,000	2,200	+200	2,200
	外注加工費	1,000	1,100	+100	1,200
	燃料費	300	500	+200	600
	電気代	400	600	+200	800
	消耗品費	100	120	+20	120
	労務費	1,260	1,305	+45	1,480
	製造経費	1,000	1,150	+150	1,150
原価率		60.6%	69.8%	+9.2%	62.9%
売上総利益率		39.4%	30.3%	-9.2%	37.1%

※労務費、製造経費については当社規定の配賦基準にて配賦

製品別固定費の算出

　製品別の労務費の算出方法について解説していきます。

　労務費はまず、①直接労務費と②間接労務費に分かれます。

①直接労務費

　　製品を製造するのに直接かかってくる労務費

②間接労務費

　　機械のメンテナンスや入出荷、

　　在庫管理等にかかる直接的ではない労務費

　①の直接労務費は、さらに２つに分けることができます。

　　ⅰ）製品を専任で作られている方の労務費

　　ⅱ）兼任で複数の製品に関与している方の労務費

　間接労務費についても機械のメンテナンスに必要な労務費や、入出荷に関係する労務費などは、それぞれの役割に合わせて分類をしていきます。

【図5-21】製造労務費の配賦概念図

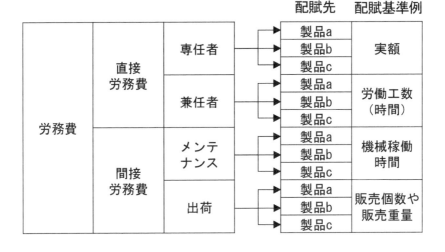

直接、間接に分けたら製品別に配賦

　直接労務費のうち専任者の労務費、直接労務費のうち兼任者の労務費、間接労務費のうちメンテナンスの労務費、間接労務費のうち出荷に関わる労務費に分類します。

　次にそれぞれ配賦基準を設定し、製品別に配賦を行っていきます。

　一番わかりやすいのは、直接労務費に該当する専任作業者です。

　専任でそれぞれ製品aのみ、製品bのみ、製品cのみの製造に直接携わっている方の労務費ですので、各人の労務費を実額で、製品別に配賦していきます。

　次に複数製品の製造を兼任している作業者の場合、製品a・b・cに「どれだけ工数（時間）を使っているか」ということを基準に、配賦を行っていきます。

つまり労働工数を基準に配賦を行います。

続けて間接労務費のメンテナンス作業を見ていきます。機械のメンテナンスということですので、機械の稼働時間等を配賦基準として使います。

最後に、間接労務費の出荷に関する労務費です。

こちらは販売個数であるとか、販売重量を配賦基準として製品a・b・cに配賦を行っていくという流れになります。

それぞれ企業の事情によって配賦基準は異なりますが、どの基準で費用を配賦すればよいかがわからない場合は、ご紹介したような一般的な考え方を参考にしてください。

以上のように製品別の製造原価を算出するためには、固定費を製品ごとに配賦する工程が必要になってきます。

直接労務費の算出方法

ここからは具体的な数字を使って、固定費の配賦例を見ていきます。

まずは直接労務費の配賦例です。

直接労務費は、専任者の労務費と兼任者の労務費の2つに分類できます。専任者の労務費は実額で配賦を行っていきます。

一方、兼任者の労務費は労働工数（時間）を基準に配賦します。

配賦基準となる【図5-22】の最上段「期間合計」を見てください。

直接労務費のうち兼任者の総工数が480時間、兼任者の労務費が総額で900,000円となっています。この労務費を製品別に配賦していきます。

【図5-22】製品別労務費の算出（直接労務費）

期間合計（配賦基準等データ）

（単位：円）

直接労務費のうち兼任者総工数（時間）	480
直接労務費のうち兼任者労務費	900,000

製品a

兼任者工数（時間）	120
販売個数	1,000

製品b

兼任者工数（時間）	180
販売個数	1,100

製品c

兼任者工数（時間）	180
販売個数	1,200

直接労務費		1,025,000
内訳	専任者	800,000
	兼任者	225,000

直接労務費		1,137,500
内訳	専任者	800,000
	兼任者	337,500

直接労務費		1,137,500
内訳	専任者	800,000
	兼任者	337,500

製品a1個当たり

直接労務費	1,025

製品b1個当たり

直接労務費	1,034

製品c1個当たり

直接労務費	948

配賦基準：専任者・・・実額、兼任者・・・労働工数

　製品別の労働工数を見てみると製品aが120時間、製品bが180時間、製品cが180時間となっています。

　製品aの兼任者の労務費の計算は、兼任者の労務費900,000円×製品aの労働工数120時間÷兼任者総工数480時間で算出されます。

　これを計算すると製品aの兼任者の労務費は225,000円ということになります。

　製品aの直接労務費は、専任者の労務費と兼任者の労務費を合計して、1,025,000円という結果になりました。

　製品aの販売個数が1,000個ですので、製品1個当たりの直接労務費については1,025円という計算になります。

　製品b・cも同じように計算をしていきます。

間接労務費の算出方法

　続いて間接労務費の計算です。

　間接労務費のうち、機械メンテナンス費用については機械稼働時間を配賦基準として設定します。

　出荷については販売個数を配賦基準として設定をしています。

　【図5-23】の期間合計をご覧ください。

　配賦基準となる機械稼働時間の合計が360時間、販売個数の合計が3,300個となっています。それから間接労務費の総額が記載されています。

　機械メンテナンスの労務費が合計で360,000円、出荷の労務費が合計で660,000円です。

　製品aの機械稼働時間が80時間ですので、間接労務費のうちメンテナンスにかかる労務費の計算は、機械メンテナンスの労務費360,000円×製品aの機械稼働時間80時間÷機械稼働時間の合計360時間となります。

　これを計算すると製品aの間接労務費のうち、メンテナンスにかかる労務費は80,000円です。

【図5-23】製品別労務費の算出（間接労務費）

期間合計（配賦基準等データ）

（単位：円）

機械稼働時間合計（時間）		360
販売個数合計		3,300
間接労務費		1,020,000
内訳	機械メンテナンス	360,000
	出荷	660,000

製品a

機械稼働時間	80
販売個数	1,000

製品b

機械稼働時間	120
販売個数	1,100

製品c

機械稼働時間	160
販売個数	1,200

間接労務費		280,000
内訳	メンテナンス	80,000
	出荷	200,000

間接労務費		340,000
内訳	メンテナンス	120,000
	出荷	220,000

間接労務費		400,000
内訳	メンテナンス	160,000
	出荷	240,000

製品a1個当たり

間接労務費	280

製品b1個当たり

間接労務費	309

製品c1個当たり

間接労務費	333

配賦基準：メンテナンス···機械稼働時間、出荷···販売個数

177

同じように出荷を見ていきます。

　出荷にかかる労務費の配賦基準は販売個数です。

　出荷の労務費660,000円×製品aの販売個数1000個÷販売個数合計3,300個で計算します。

　製品aの間接労務費のうち出荷にかかるコストは200,000円という結果になりました。

　製品aの間接労務費はメンテナンスと出荷の合計で280,000円ということになります。

製造経費の算出方法

　同じように製造経費に関しても一定の配賦基準を設定して、それぞれ製品ごとに配賦を行っていきます。

　ここでは減価償却費と変動費を除く製造経費という、2つに分類しました。

　減価償却費設備に関わることが多い費用ですので、配賦基準としては機械稼働時間を選択します。

　変動費を除く製造経費については製品ごとの売上高を配賦基準として設定をします。

　【図5-24】の期間合計欄を見ますと、配賦基準となる機械稼働時間の合計が360時間、売上合計が32,000,000円と記載があります。

　製品製造経費のうち、減価償却費の計算を行っていきます。

　減価償却費は機械稼働時間で算出します。

　減価償却費合計1,800,000円×製品aの機械稼働時間80時間÷機械稼働時間合計360時間ですから、これを計算すると製品aの減価償却費は400,000円と算出されます。

　続いて製品aの変動費除く製造経費を算出します。

　製品別の変動費を除く製造経費は売上高で計算します。

　したがって変動費除く製造経費の合計2,400,000円×製品aの売上高が10,000,000円÷売上合計32,000,000円となります。

　製品aの変動費除く製造経費が750,000円と算出されました。

　減価償却費と合わせて製品aの製造経費は合計で1,150,000円となります。

【図5-24】製品別経費の算出

期間合計（配賦基準等データ）

（単位：円）

機械稼働時間合計（時間）	360
売上合計	32,000,000
製造経費	4,200,000
内訳 減価償却費	1,800,000
内訳 変動費除く製造経費	2,400,000

製品a

機械稼働時間	80
販売個数	1,000
売上高	10,000,000

製品b

機械稼働時間	120
販売個数	1,100
売上高	14,000,000

製品c

機械稼働時間	160
販売個数	1,200
売上高	8,000,000

製造経費	1,150,000
内訳 減価償却費	400,000
内訳 変動費除く製造経費	750,000

製造経費	1,650,000
内訳 減価償却費	600,000
内訳 変動費除く製造経費	1,050,000

製造経費	1,400,000
内訳 減価償却費	800,000
内訳 変動費除く製造経費	600,000

製品a1個当たり

製造経費	1,150
内訳 減価償却費	400
内訳 変動費除く製造経費	750

製品b1個当たり

製造経費	1,500
内訳 減価償却費	545
内訳 変動費除く製造経費	955

製品c1個当たり

製造経費	1,167
内訳 減価償却費	667
内訳 変動費除く製造経費	500

配賦基準：減価償却費・・・機械稼働時間、変動費除く製造経費・・・売上高

1,150,000円を製品aの販売個数1,000個で割ると、製品a1個当たりの製造経費が1,150円と算出されます。

製品b・cにおいても同じような計算で配賦を行っていきます。

これでようやく固定費の配賦が済みましたので、製品別の製造原価が算出できます。

配賦基準については会社ごとに異なる指標になりますので、値上げの根拠を示す資料には、「当社規定の配賦基準にて配賦」というような注意書きを入れておく必要があります。

　ここまで、製品別の製造原価算出方法をお伝えしていきました。

　繰り返しになりますが、製造原価の算出は固定費の配賦が必要ですので計算が非常に複雑化していきます。また一度算出しても更新管理が大変な手間となります。

　したがって、できれば変動費、限界利益の提示にとどめておいたほうが、簡易的に資料作成が進められますので、可能な限り変動費と限界利益で資料を作成することをおすすめします。

おわりに

　本書を執筆している2023年末現在、円安、ロシアのウクライナ侵攻、燃料価格の上昇等の影響による価格転嫁の流れは収まりそうにありません。

　一部の大手製造業の業況調査では原材料価格、エネルギーコスト上昇の価格転嫁が一巡し、業績回復の兆候が見られるという報道もありますが、中小製造業の現場に身を置く立場から見れば、依然として中小製造業におけるコスト上昇の価格転嫁は進んでおらず、2024年にかけても乗り越えなければいけない値上げの局面がもうひと山、ふた山やって来ると思っています。

　諸外国に比べれば、日本のインフレは低い水準でとどまっていますので、ここからさらなる値上げの波が押し寄せる恐れも、ないとはいえません。

　これまで長い間デフレ期を経験してきた多くの中小企業は、企業努力、生産性アップによる製品価格の値下げを求められ続けてきました。
　この数年で、創業以来はじめて値上げ交渉を行ったという、中小製造業も少なくないでしょう。
　原材料費や燃料費などの価格転嫁の理解は、徐々に進んでいると感じますが、労務費などの固定費の価格転嫁への理解はまだまだ道半ばかと感じています。

固定費の価格転嫁への理解が進み、値上げによって中小製造業でも賃上げの波が起これば、日本経済の回復、成長も近いのではないかと信じています。

　　　　　　2024年2月　株式会社新経営サービス　北島大輔

著者紹介

北島大輔（きたじま・だいすけ）

株式会社新経営サービス　人材開発・経営支援部　シニアコンサルタント

同志社大学経済学部卒業後、金融機関にて中小企業向け法人融資を担当し、顧客企業への融資や財務体質の改善に携わる。顧客企業の経営課題解決にもっと深く関わりたいという思いから、現職へ。

現在、中期経営計画の策定・運用支援のほか、業績改善、キャッシュフロー改善などの経営課題を解決するための仕組みづくりと、その仕組みの運用に幹部・社員が主体的に関わる仕掛けづくりを中心にコンサルティングを展開。

経営者・幹部だけでなく、社員一人一人とコミュニケーションを図り、課題解決を推進する支援スタイルをとっている。

● 株式会社新経営サービス関連サイト

新経営サービス　https://www.skg.co.jp/
経営支援サイト「事業計画プロ」　https://chusho-keiei.jp/
事業承継支援サイト「事業承継はじめの一歩」　https://chusho-keiei.jp/succession/
店舗経営支援サイト「テンワザ」　https://insyoku.navi-r.jp/
採用支援サイト「ヒトノトリカタ」　https://trms.jp/

● 研修・講演・コンサルティングのお問い合わせ

株式会社新経営サービス
E-mail　mas@skg.co.jp ／ TEL　0120-370-772

これ1冊でわかる！　相手が納得する！

中小企業の「値上げ」入門　〈検印省略〉

2024年　3月19日　第　1　刷発行

著　　者——北島　大輔（きたじま・だいすけ）
発 行 者——田賀井　弘毅

発 行 所——株式会社あさ出版
〒171-0022　東京都豊島区南池袋 2-9-9 第一池袋ホワイトビル 6F
電　話　03 (3983) 3225（販売）
　　　　03 (3983) 3227（編集）
F A X　03 (3983) 3226
U R L　http://www.asa21.com/
E-mail　info@asa21.com
印刷・製本　(株)ベルツ

note　　　　http://note.com/asapublishing/
facebook　http://www.facebook.com/asapublishing
X　　　　　http://twitter.com/asapublishing

©Daisuke Kitajima 2024 Printed in Japan
ISBN978-4-86667-673-9 C2034